Susanne Kalender
unter Mitarbeit von
Angela Pude

A2.1

MENSCHEN

Deutsch als Fremdsprache
Lehrerhandbuch

Hueber Verlag

Autorin der Tests zu den Modulen:
Andrea Haubfleisch, Frankfurt am Main
Autorin der Moodle-Tipps:
Nuray Köse, Izmir

Das Werk und seine Teile sind urheberrechtlich geschützt.
Jede Verwertung in anderen als den gesetzlich zugelassenen
Fällen bedarf deshalb der vorherigen schriftlichen Einwilligung
des Verlags.

Hinweis zu § 52a UrhG: Weder das Werk noch seine Teile dürfen
ohne eine solche Einwilligung überspielt, gespeichert und in
ein Netzwerk eingespielt werden. Dies gilt auch für Intranets von
Firmen, Schulen und sonstigen Bildungseinrichtungen.

Eingetragene Warenzeichen oder Marken sind Eigentum des
jeweiligen Zeichen- bzw. Markeninhabers, auch dann, wenn diese
nicht gekennzeichnet sind. Es ist jedoch zu beachten, dass weder
das Vorhandensein noch das Fehlen derartiger Kennzeichnungen
die Rechtslage hinsichtlich dieser gewerblichen Schutzrechte berührt.

3.	2.	1.			Die letzten Ziffern
2018	17	16	15	14	bezeichnen Zahl und Jahr des Druckes.

Alle Drucke dieser Auflage können, da unverändert,
nebeneinander benutzt werden.
1. Auflage
© 2014 Hueber Verlag GmbH & Co. KG, München, Deutschland
Umschlaggestaltung: Sieveking · Agentur für Kommunikation, München
Zeichnungen: Michael Mantel, www.michaelmantel.de
Layout und Satz: Sieveking · Agentur für Kommunikation, München
Verlagsredaktion: Daniela Niebisch, Penzberg
Druck und Bindung: Auer Buch + Medien GmbH, Donauwörth
Printed in Germany
ISBN 978–3–19–471902–6

INHALT

Konzeptbeschreibung	4
Unterrichtsplan: Die erste Stunde im Kurs	17
Modul 1	
Unterrichtsplan Lektion 1	18
Unterrichtsplan Lektion 2	26
Unterrichtsplan Lektion 3	31
Unterrichtsplan Modul-Plus 1	35
Modul 2	
Unterrichtsplan Lektion 4	39
Unterrichtsplan Lektion 5	46
Unterrichtsplan Lektion 6	52
Unterrichtsplan Modul-Plus 2	58
Modul 3	
Unterrichtsplan Lektion 7	61
Unterrichtsplan Lektion 8	65
Unterrichtsplan Lektion 9	70
Unterrichtsplan Modul-Plus 3	75
Modul 4	
Unterrichtsplan Lektion 10	77
Unterrichtsplan Lektion 11	82
Unterrichtsplan Lektion 12	87
Unterrichtsplan Modul-Plus 4	91
Kopiervorlagen zu den Lektionen	94
Tests zu den Modulen	136
Transkriptionen Kursbuch	152
Transkriptionen Film-DVD	162
Lösungen Tests zu den Modulen	167

1 Konzeption des Lehrwerks

1.1 Rahmenbedingungen

Menschen ist ein handlungsorientiertes Lehrwerk für Anfänger. Es führt Lernende ohne Vorkenntnisse in drei bzw. sechs Bänden zu den Sprachniveaus A1, A2 und B1 des Gemeinsamen Europäischen Referenzrahmens und bereitet auf die gängigen Prüfungen der jeweiligen Sprachniveaus vor:

	dreibändige Ausgabe	*sechsbändige Ausgabe*
Niveau A1	Menschen A1	Menschen A1.1 + A1.2
Niveau A2	Menschen A2	Menschen A2.1 + A2.2
Niveau B1	Menschen B1	Menschen B1.1 + B1.2

Menschen geht bei seiner Themenauswahl von den Vorgaben des Gemeinsamen Europäischen Referenzrahmens aus und greift zusätzlich Inhalte aus dem aktuellen Leben in Deutschland, Österreich und der Schweiz auf.

Die Prüfungsinhalte und -formate der gängigen Prüfungen finden in *Menschen* sowohl im Kursbuch als auch im Arbeitsbuch Berücksichtigung.

1.2 Bestandteile des Lehrwerks

Menschen bietet ein umfangreiches Angebot an Materialien und Medien, die aufeinander abgestimmt und eng miteinander verzahnt sind:

- ein Kursbuch mit integrierter DVD-ROM (mit interaktiven Übungen zum selbstständigen Weiterlernen)
- ein Arbeitsbuch mit integrierter Audio-CD
- ein Medienpaket mit den Audio-CDs zum Kursbuch und einer DVD mit Filmen für den Einsatz im Unterricht
- ein Lehrerhandbuch
- Materialien für Beamer und interaktive Whiteboards
- einen Moodle-Kursraum
- Glossare zu verschiedenen Ausgangssprachen
- Materialien zur Prüfungsvorbereitung
- einen Internetservice mit zahlreichen ergänzenden Materialien für Lehrende und Lernende

Ein übersichtliches Verweissystem verzahnt die Materialien miteinander und sorgt so für eine hohe Transparenz bei Kursleitenden und Teilnehmenden. Die Materialien sind flexibel einsetzbar und ermöglichen ein effizientes, auf die Bedürfnisse der einzelnen Teilnehmer zugeschnittenes Lernen bei gleichzeitig geringem Aufwand für die Kursleitenden.

KONZEPTBESCHREIBUNG

1.3 Aufbau

1.3.1 Das Kursbuch

Aufbau der drei- und der sechsbändigen Ausgabe

Dreibändige Ausgabe: Jeder Band beinhaltet 24 kurze Lektionen, die in acht Modulen mit je drei Lektionen zusammengefasst sind.

Sechsbändige Ausgabe: Jeder Teilband beinhaltet 12 kurze Lektionen, die in vier Modulen mit je drei Lektionen zusammengefasst sind.

Aufbau eines Moduls

Jedes Modul besteht aus drei Lektionen. Vier zusätzliche Seiten (*Lesemagazin*, *Film-Stationen*, *Projekt Landeskunde* und *Ausklang*) runden jedes Modul ab und wiederholen den Stoff der vorangegangenen Lektionen.

Aufbau einer Lektion

Die Kursbuchlektionen umfassen je vier Seiten und folgen einem transparenten, wiederkehrenden Aufbau:

Einstiegsseite

Der Einstieg in jede Lektion erfolgt durch ein interessantes Foto, das meist mit einem Hörtext kombiniert wird und in die Thematik der Lektion einführt. Dazu gibt es erste Aufgaben, die immer auch an die Lebenswelt der TN anknüpfen. Die Einstiegssituation wird auf der folgenden Doppelseite wieder aufgegriffen und vertieft. Auf der Einstiegsseite befindet sich außerdem ein Kasten mit den Lernzielen der Lektion. Ideen für die Einsatzmöglichkeiten der Einstiegsseite im Unterricht finden Sie im Kapitel „Praktische Tipps" (Seite 8).

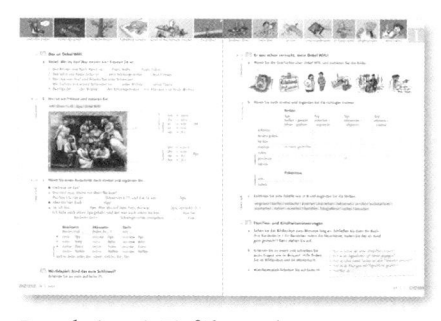

Doppelseite mit Einführung der neuen Strukturen und Redemittel

Ausgehend von der Einstiegssituation werden auf der Doppelseite die neuen Wortfelder, die Strukturen und die Redemittel der Lektion mithilfe von Hör- und Lesetexten eingeführt und geübt. Das neue Wortfeld der Lektion wird in der Kopfzeile prominent und gut memorierbar als „Bildlexikon" präsentiert. Übersichtliche Grammatik-, Redemittel- und Infokästen machen den neuen Stoff bewusst. In den folgenden Aufgaben werden die Strukturen und Redemittel zunächst meist in gelenkter, dann in freierer Form geübt. In die Doppelseite sind zudem Übungen eingebettet, die sich im Anhang auf den „Aktionsseiten" befinden. Diese Aufgaben ermöglichen echte Kommunikation im Kursraum und bieten authentische Sprech- und Schreibanlässe. Vorschläge für die Einsatzmöglichkeiten der Aktionsseiten im Unterricht finden Sie im Kapitel „Praktische Tipps" (Seite 8).

Auf der vierten Seite jeder Lektion ist eine Aufgabe zum Sprechtraining, Schreibtraining oder zu einem Mini-Projekt oder Spiel zu finden, die den Stoff der Lektion nochmals aufgreift. Als Schlusspunkt jeder Lektion werden hier die neuen Strukturen und Redemittel systematisch zusammengefasst und transparent dargestellt. Ideen für die Einsatzmöglichkeiten der Grammatik- und Redemittelübersichten im Unterricht finden Sie im Kapitel „Praktische Tipps" (Seite 8).

Abschlussseite

Aufbau der Modul-Plus-Seiten

Vier zusätzliche Seiten runden jedes Modul ab und bieten weitere interessante Informationen und Impulse, die den Stoff des Moduls unter Einsatz unterschiedlicher Medien und über verschiedene Lernkanäle verarbeiten und wiederholen lassen:

Lesemagazin:	Eine Magazinseite mit vielfältigen Lesetexten (z.B. Blogs, Webseiten, Zeitschriften- und Zeitungstexte, Briefe, Reiseführer und vieles mehr) und dazu passenden Aufgaben.
Film-Stationen:	Fotos und Aufgaben zu den Filmsequenzen.
Projekt Landeskunde:	Ein informativer Hintergrundtext mit Anregungen für ein Projekt. Hier liegt der Schwerpunkt auf handlungsorientiertem Lernen, das zu echter Kommunikation führt.
Ausklang:	Ein Lied mit Anregungen für einen kreativen Einsatz im Unterricht.

Ideen für die Einsatzmöglichkeiten der Modul-Plus-Seiten im Unterricht finden Sie im Kapitel „Praktische Tipps" (Seite 8).

Aufbau und Inhalte der DVD-ROM

Die integrierte DVD-ROM bietet individuelle Erweiterungs- und Vertiefungsaufgaben sowie Memorierungsübungen für das selbstständige, zusätzliche Arbeiten zu Hause. Die unterschiedlichen Inhalte und Übungsformen bieten Differenzierungsmöglichkeiten für verschiedene Teilnehmerprofile. Mithilfe der transparenten Verweise im Kursbuch können die Teilnehmenden selbst entscheiden, ob und wann sie welche Aufgaben und Übungen auf der DVD-ROM bearbeiten möchten.

KONZEPTBESCHREIBUNG

Folgende Verweise im Kursbuch führen zur DVD-ROM:

| interessant? | … ein Lese- oder Hörtext (mit Didaktisierung) oder Zusatzinformationen, die das Thema aufgreifen und aus einem anderen Blickwinkel betrachten |

| noch einmal? | … hier kann man den Kursbuch-Hörtext noch einmal hören und alternative Aufgaben dazu lösen |

| Spiel & Spaß | … eine kreative, spielerische Aufgabe zu den neuen Strukturen, den Redemitteln oder dem neuen Wortschatz |

| Comic | … ein Comic, der an das Kursbuch-Thema anknüpft |

| Beruf | … erweitert oder ergänzt das Thema um einen beruflichen Aspekt |

| Diktat | … ein interaktives Diktat (Hör-, Seh-, Lücken-, Vokal- oder Konsonantendiktat) |

| Audiotraining | … Automatisierungsübungen für zu Hause und unterwegs zu den Redemitteln und Strukturen |

| Karaoke | … interaktive Übungen zum Nachsprechen und Mitlesen |

Das Material der DVD-ROM kann auch als Zusatzmaterial im Unterricht eingesetzt werden. Dafür bieten sich besonders das Audiotraining, die Karaoke-Übungen und die Filme an. Je nach Interessen der Lernenden können auch die Aufgaben zu den Berufs- und den Interessant-Verweisen gemeinsam im Kurs bearbeitet werden.

Die DVD-ROM-Inhalte stehen auch im Lehrwerkservice unter www.hueber.de/menschen/lernen zur Verfügung. Dieser Bereich ist passwortgeschützt, den Zugangscode finden Sie im Kursbuch auf Seite 2.

1.3.2 Das Arbeitsbuch

Das separate Arbeitsbuch bietet im Basistraining vielfältige Übungen zu den Kursbuchaufgaben – als Hausaufgabe oder für die Still- und Partnerarbeit im Kurs. Darüber hinaus enthält das Arbeitsbuch Übungen zur Phonetik, eine Übersicht des Lernwortschatzes jeder Lektion und ein Fertigkeitentraining, das auf die Prüfungen vorbereitet. Zudem bietet es Lernstrategien und Lerntipps sowie zahlreiche Wiederholungsübungen und Tests. Alle Hörtexte des Arbeitsbuchs finden Sie auf der im Arbeitsbuch integrierten Audio-CD. Für den Einsatz in Zuwandererkursen gibt es eine gesonderte Arbeitsbuchausgabe: *Menschen hier*.

Die Lösungen zu allen Aufgaben im Arbeitsbuch finden Sie im Internet unter www.hueber.de/menschen bzw. www.hueber.de/menschen-hier (für die Arbeitsbuchausgabe *Menschen hier*). Die Lösungen zu den Selbsttests finden die Teilnehmenden zur Selbstkontrolle im Anhang des Arbeitsbuchs.

2 Praktische Tipps für den Unterricht

2.1 Die Arbeit mit den Einstiegsseiten

Aufgaben und Tipps zur Arbeit mit den Einstiegsseiten:

Hypothesen bilden
Die TN sehen sich das Foto an und spekulieren in ihrer Muttersprache bzw., soweit die Sprachkenntnisse es zulassen, in der Zielsprache darüber, was hier passiert. (Wer? Wo? Was? Wann? Wie? Warum?). Verweisen Sie die TN ggf. auch auf den Titel der jeweiligen Lektion. So können Sie neuen Wortschatz vorentlasten bzw. mit zunehmenden Sprachkenntnissen bekannten Wortschatz aktivieren.

Assoziationen sammeln
Die TN sammeln Wörter, Situationen oder Redemittel, die ihnen zu dem Foto und/oder dem Hörtext einfallen. Der Fantasie der TN sind dabei keine Grenzen gesetzt.

Geschichten erzählen
Mit zunehmenden Sprachkenntnissen arbeiten die TN in Gruppen und erzählen – mündlich oder schriftlich – eine Geschichte zu dem Bild. Sie können sich gemeinsam auf eine Geschichte einigen oder eine Geschichte abwechselnd weitererzählen.

Rollenspiele
Im Anschluss an die Einstiegsaufgaben schreiben die TN ein zu dem Foto oder zu dem Hörtext passendes Rollenspiel und spielen es im Kurs vor. Im Anfangsunterricht können die TN die Situation alternativ pantomimisch nachspielen.

Wortschatzarbeit
Nutzen Sie die Einstiegsseiten auch für die Wortschatzarbeit. Die TN suchen in Gruppen- oder Partnerarbeit passenden Wortschatz zum Thema im Wörterbuch. Ab der Niveaustufe A2 können die TN passenden Wortschatz wiederholen. Verweisen Sie die TN auf die Lernziele und die dort genannten Wortfelder sowie auf das Bildlexikon.

Bezug zur eigenen Lebenswelt
Bevor sie auf der folgenden Doppelseite weiterarbeiten, verknüpfen die TN die Situation auf der Einstiegsseite mit ihrer eigenen Lebenswelt. Sie bewerten die Situation, äußern ihre eigene Meinung oder erzählen von eigenen Erfahrungen, soweit sprachlich möglich. In sprachhomogenen Lerngruppen bietet sich auch die Nutzung der gemeinsamen Muttersprache an, um einen emotionalen, teilnehmerorientierten Einstieg in die Geschichte bzw. die Lektion zu gewährleisten und so den Lernerfolg zu steigern.

2.2 Die Arbeit mit den Aktionsseiten

Auf den Aktionsseiten werden die Redemittel und/oder die neuen Strukturen der Lektion in Partner- oder Gruppenarbeit angewendet. Sie finden hier Wechsel- und Rollenspiele sowie spielerische Aktivitäten mit dem Ziel echter Kommunikation im Kursraum.

KONZEPTBESCHREIBUNG

Die Aufgaben variieren von sehr gelenkten Aufgaben, in denen der neu eingeführte Stoff erstmalig angewendet wird, bis hin zu sehr freien Aktivitäten, in denen es in erster Linie um die selbstständige Kommunikation geht. Vermeiden Sie bei den freien Aktivitäten Korrekturen. Sammeln Sie stattdessen während dieser Arbeitsphasen typische Fehler der TN, um sie nach Beendigung der Gruppen- bzw. Partnerarbeit im Plenum bewusst zu machen und zu korrigieren.

Hinweise und Tipps, mit denen Sie bei Bedarf das freie Sprechen vorbereiten und erleichtern können:

- Die TN nutzen als Hilfe die Übersichtsseiten mit den Redemitteln.
- Schreiben Sie die relevanten Redemittel an die Tafel, auf eine Folie oder ein Plakat.
- Schreiben Sie zusammen mit den TN ein Beispielgespräch an die Tafel. Entfernen Sie im Laufe der Aktivität nach und nach einzelne Passagen, bis die TN den Dialog ganz frei sprechen.
- Die TN schreiben einen Musterdialog auf ein Plakat und markieren die relevanten Redemittel farbig. Die Plakate werden anschließend im Kursraum aufgehängt.
- Die TN bereiten Karten mit den wichtigsten Redemitteln vor und nutzen die Karten zur Unterstützung beim Sprechen. Jede verwendete Karte wird umgedreht und die TN sprechen so lange, bis alle Karten umgedreht sind.
- Die TN schreiben zunächst gemeinsam einen Dialog, korrigieren ihn gemeinsam, lernen ihn dann auswendig und spielen ihn anschließend frei nach.
- Die TN machen sich vor der Aktivität Notizen und üben halblaut.
- Nutzen Sie das Audiotraining auf der integrierten DVD-ROM zum Automatisieren, bevor die TN die Redemittel frei anwenden. Die TN bewegen sich im Kursraum und sprechen die Redemittel nach.

2.3 Die Arbeit mit den Grammatik- und Redemittelübersichten

Mit den Übersichten zu Grammatik und Kommunikation können die TN sowohl direkt im Anschluss an die Lektion als auch später zur Wiederholung arbeiten:

- Erstellen Sie Lückentexte aus den Übersichtsseiten. Die TN ergänzen in Partnerarbeit die Lücken und vergleichen anschließend mit dem Original.
- Erstellen Sie ein Satzpuzzle aus den Redemitteln einer oder mehrerer Lektionen. Die TN sortieren die Redemittel.
- Die TN schreiben kurze Gespräche mithilfe der Redemittel.
- Sofern die Sprachkenntnisse es schon zulassen, erweitern die TN die Redemittel um eigene Beispiele.
- Die TN erarbeiten ihre eigenen Übersichten. Sie sammeln die wichtigen Redemittel und Grammatikthemen der Lektion und vergleichen ihr Resultat anschließend mit der Übersichtsseite. Die Ergebnisse können die TN im Portfolio aufbewahren.
- Die TN ergänzen die Grammatikzusammenfassungen um eigene Satzbeispiele.
- Ein TN liest die Überschrift der Redemittelkategorie und dann das erste Wort des ersten Eintrags vor. Der TN links versucht, das zweite Wort zu erraten. Wenn falsch geraten wird, liest die Vorleserin / der Vorleser das erste und das zweite Wort vor und der nächste TN versucht, das dritte Wort zu erraten. Wenn ein TN das Wort richtig errät, liest der vorlesende TN den ganzen Satz. Der TN, der das Wort richtig erraten hat, wird der nächste Vorleser.

- Nutzen Sie das Audiotraining und die Karaoke-Übungen auf der eingelegten Kursbuch-DVD-ROM auch im Unterricht. Die TN sprechen nach und bewegen sich dabei frei im Kursraum.
- Die TN nutzen bei Bedarf die Übersichtsseiten als Hilfsmittel bei den kommunikativen Aufgaben.

2.4 Die Arbeit mit den Modul-Plus-Seiten

2.4.1 Das Lesemagazin

Aufgaben und Tipps zur Arbeit mit den Lesetexten:

- Nutzen Sie Bilder und Überschriften, um Erwartungen an den Text zu wecken und das Vorwissen der TN zu aktivieren.
- Verweisen Sie auf Fremdwörter und Wörter mit Ähnlichkeiten in anderen Sprachen. Diese können beim Textverständnis helfen.
- Stellen Sie W-Fragen zum Text (Wer? Was? Wann? Wo? Wie? Warum?).
- Die TN erarbeiten die wichtigsten Textsortenmerkmale.
- Die TN erstellen Aufgaben füreinander, beispielsweise Richtig-/Falsch-Aufgaben, Fragen zum Text, Lückentexte (mit und ohne Schüttelkasten) o.Ä.
- Erstellen Sie ein Textpuzzle aus dem Text, das die TN sortieren.
- Die TN formulieren zu jedem Textabschnitt eine Überschrift (bei Texten in der dritten Person) bzw. eine Frage (bei Texten in der ersten Person).
- Die TN formulieren die Texte um (von der ersten Person in die dritte Person bzw. umgekehrt, vom Präsens in die Vergangenheit bzw. umgekehrt, vom Aktiv ins Passiv etc.)
- Die TN schreiben eine Zusammenfassung des Textes.
- Wortschatzarbeit: Die TN suchen wichtige Wörter aus dem Text und sortieren sie nach Wortfeldern.

2.4.2 Die Film-Stationen

Aufgaben und Tipps zur Arbeit mit den Filmen:

- Nutzen Sie die Fotos und die Filmüberschriften, um Erwartungen an die Filme zu wecken und das Vorwissen der TN zu aktivieren.
- Stellen Sie W-Fragen zum Film (Wer? Was? Wann? Wo? Wie? Warum?).
- Die TN erstellen Aufgaben füreinander, beispielsweise Richtig-/Falsch-Aufgaben, Fragen zum Film, Zuordnungsaufgaben etc.
- Die TN erzählen den Film – mündlich oder schriftlich – nach.
- Die TN spielen die Filmszenen pantomimisch nach.
- Die TN schreiben und spielen Rollenspiele zu dem Film.
- Die TN nutzen die Filmvorlage für entsprechende eigene Filme. Sie können dabei z.B. ihre Foto-Handys verwenden. Anschließend stellen die TN ihre Filme auf die Lernplattform oder zeigen sie im Kurs.
- Nutzen Sie die Filme als Anregung, um Projekte innerhalb und außerhalb des Klassenraums durchzuführen.

KONZEPTBESCHREIBUNG

2.4.3 Das Projekt Landeskunde

Tipps und Hinweise zur Arbeit mit den Projekten:

- Bereiten Sie die Projekte zusammen mit den TN gut vor. Wiederholen bzw. erarbeiten Sie mit den TN die benötigten Redemittel.
- Sammeln Sie mit den TN Ideen, in welcher Form sie ihre Ergebnisse veranschaulichen wollen (Plakate, Collagen, Folien, Dateien, Filme, Tonaufnahmen etc.)
- Weisen Sie die TN ggf. auch auf vorhandene Textvorlagen und Textbeispiele hin.
- Wenn Sie im Präsenzunterricht nicht genügend Zeit haben, können Sie die Projekte auch als Hausaufgabe bearbeiten lassen.
- Die TN präsentieren ihre Ergebnisse im Kurs. Bei der Verwendung von neuem Wortschatz wird dieser den anderen TN vor Beginn der Präsentation an der Tafel vorgestellt. Die Gruppen sollten am Ende ihrer Präsentation Raum für Fragen und Kommentare der anderen TN einplanen.
- Die TN sammeln die Ergebnisse der Projekte ggf. in Ordnern oder stellen sie auf die Lernplattform.

In Verbindung mit den Projekten schreiben die TN häufig auch Texte. Die einführenden Lesetexte dienen dabei in der Regel als Muster für die eigene Textproduktion. Das Schreiben ist eine komplexe Tätigkeit. Trainieren Sie daher mit den TN die unterschiedlichen Aspekte des Schreibprozesses auch einzeln:

- Die TN sammeln Ideen und notieren dabei zunächst nur Stichwörter (z.B. als Mindmap).
- Die TN sortieren ihre Ideen. In welcher Reihenfolge wollen sie auf die Aspekte eingehen?
- Vor dem Schreiben überlegen die TN, welche Textsortenmerkmale für den jeweiligen Text zu beachten sind.
- Die TN korrigieren ihren Entwurf. Dabei sollten sie den Text mehrmals mit jeweils unterschiedlichem Fokus lesen. Auf der Niveaustufe A1 sind beispielsweise folgende Fragestellungen relevant: inhaltlicher Fokus, Wortstellung, Konjugation und Rechtschreibung.

2.4.4 Der Ausklang

Auf diesen Seiten haben die TN die Möglichkeit, mit Musik und Bewegung zu lernen. Je begeisterter Sie selbst mit- und vormachen, desto eher werden die TN bereit sein, mitzumachen und sich auf diese Art des Lernens einzulassen.

Aufgaben und Tipps für den Umgang mit Liedern und Musik:

- Wenn Ihr Kurs daran Spaß hat, dann machen Sie das Singen zu einem Ritual: Singen Sie immer am Anfang und/oder Ende einer Stunde gemeinsam. Fordern Sie die TN auf, auch selbst deutsche Lieder mit in den Kurs zu bringen.
- Singen Sie zu vorhandenen Musikaufnahmen. Das vermindert die Hemmungen bei den TN.
- Zeigen Sie Videos zu den Musikaufnahmen aus dem Internet.
- Die TN klatschen oder trommeln den Rhythmus der Lieder mit oder bewegen sich zu den Liedern im Raum.
- Jeder TN bekommt einen Liedausschnitt und hält ihn hoch, wenn dieser gespielt wird. Beim zweiten Hören stellen die TN sich in die richtige Reihenfolge. Beim dritten Hören wird mitgesummt.

- Erstellen Sie Liedpuzzle, die die TN in Gruppenarbeit sortieren.
- Erstellen Sie Lückentexte aus Liedtexten, die die TN ergänzen.
- Die TN spielen ein Lied pantomimisch nach.
- Die TN hören Musik und schließen die Augen. Sprechen Sie anschließend über die Assoziationen und/oder inneren Bilder der TN. Das können Sie sowohl ganz frei als auch unter Vorgabe bestimmter Themen machen, z.B.: An welches Wetter denken Sie? Wo sind sie? Was machen Sie?

2.5 Förderung unterschiedlicher Lerntypen

2.5.1 Aktivitäten mit Bewegung

Aktivitäten, bei denen sich die TN im Kursraum bewegen dürfen, sind nicht nur etwas für Lerntypen, die auf diese Weise den Lernstoff besser verarbeiten und erinnern. Generell lässt sich sagen: Je mehr Kanäle angesprochen werden, desto besser werden Wörter und Strukturen behalten. Bewegung ist besonders in Intensivkursen empfehlenswert, damit die TN mal wieder etwas Sauerstoff tanken und sich wieder besser konzentrieren können. Hier ein paar Vorschläge:

- Die TN „tanzen" neue Grammatikphänomene. Schon mit einfachen Tanzschritten (Schritt nach vorn, nach hinten, nach rechts bzw. nach links) können Sie alle Grammatikthemen mit bis zu vier Auswahlmöglichkeiten abbilden. Beispielsweise die Genuswahl: maskulin = Schritt vor, neutral = Schritt zurück und feminin = Schritt nach rechts.
- Die TN bewegen sich frei im Kursraum und klatschen/trommeln Betonungsmuster von Wörtern und kommunikativen Redemitteln.
- Die TN bewegen sich frei im Kursraum und sprechen die Redemittel des Audiotrainings nach.
- Arbeiten Sie mit Bällen oder Tüchern. Dies bietet sich insbesondere im Anfängerunterricht an, in dem sich die Kommunikation auf kurze Sequenzen mit Fragen und Antworten beschränkt.
- Lassen Sie die TN Rollenspiele nicht nur sprechen, sondern auch darstellen. Dafür müssen die TN in der Regel aufstehen!
- Aktivierung von Vorwissen: Die TN bilden zwei Gruppen, laufen abwechselnd an die Tafel und notieren um die Wette bekannten Wortschatz.
- Die TN stellen sich nach bestimmten Kriterien in eine Reihe (z.B. nach dem Geburtsdatum oder dem Alphabet).
- Gelebte Anweisungen: Die TN geben sich gegenseitig Anweisungen und führen diese aus.
- Lebendige Sätze: Jeder TN bekommt eine Karte und stellt sich an die richtige Position im Satz.
- Konjugationsübung: Legen Sie Karten mit den Personalpronomen auf den Boden. Die TN laufen die Karten ab und konjugieren dabei verschiedene Verben.

2.5.2 Weitere Aktivitäten für unterschiedliche Lerntypen

Auch folgende Aktivitäten berücksichtigen die Vorlieben unterschiedlicher Lerntypen besonders gut:

- Die TN stellen einen Satz pantomimisch dar. Die anderen TN erraten und rekonstruieren den Satz Wort für Wort.
- Die TN einigen sich auf ein System akustischer Signale, mit denen sie Satzzeichen in einem Text ergänzen können. Jeder TN bekommt ein Satzzeichen zugeordnet. Ein TN liest einen Text vor und die anderen geben an den entsprechenden Stellen das jeweilige akustische Signal oder Zeichen.

KONZEPTBESCHREIBUNG

- Die TN schließen beim Hören eines Textes oder Dialoges die Augen und stellen sich die Situation bildlich vor. Anschließend beschreiben sie sich gegenseitig ihre mentalen Bilder.
- Vereinbaren Sie mit den TN Bewegungen und/oder Signale für bestimmte grammatikalische Phänomene. Sie und die TN können diese dann z.B. auch bei der Fehlerkorrektur bzw. der Bewusstmachung von Fehlern nutzen (Beispiel: Scherenbewegung für trennbare Verben).
- Nutzen Sie Farben für bestimmte grammatische Phänomene. Verwenden Sie z.B. die Farben aus dem Bildlexikon für Genus und Numerus. Vereinbaren Sie mit den TN auch Farben für die Verwendung der Kasus.
- Verwenden Sie Sprachrätsel im Unterricht. Lassen Sie die TN eigene Sprachrätsel erstellen: Die TN zeichnen z.B. einen oder mehrere Teile von zusammengesetzten Wörtern, die anderen erraten das Wort.
- Lassen Sie die TN Texte und Gespräche auswendig lernen: Hängen Sie ein paar Kopien des Textes an die Wand. Die TN prägen sich den Text ein und gehen dann langsam durch das Klassenzimmer und murmeln den Text leise vor sich hin. Wenn sie sich an einzelne Abschnitte nicht erinnern können, gehen sie zurück zu den Kopien und prägen sich den entsprechenden Abschnitt noch einmal ein.
- Aktivität zur Wiederholung: Die TN spielen (pantomimisch oder summend statt sprechend) oder musizieren einen Dialog aus *Menschen*. Die anderen TN erraten, welcher Dialog vorgespielt bzw. musiziert wird.
- Erstellen Sie einen Lückentext, in dem Silben und/oder Buchstaben fehlen. Die TN erraten die fehlenden Buchstaben bzw. Silben.
- Ein TN zeichnet die Umrisse eines Gegenstandes in der Luft. Die anderen TN erraten den Gegenstand.
- Schrittweise zeichnen: Ein TN zeichnet nach und nach einen Gegenstand. Die anderen TN erraten, um welchen Gegenstand es sich handelt.
- Ein TN zeichnet einen Gegenstand aus einer ungewöhnlichen Perspektive (z.B. eine Mütze von oben). Die anderen TN erraten, um was es sich handelt.

2.6 Wortschatz

Zahlreiche der folgenden Vorschläge eignen sich für kurze Einstiegsaufgaben am Anfang bzw. kurze Wiederholungsübungen am Ende einer Stunde oder für die Auflockerung zwischendurch.

Aufgaben und Tipps für Wortschatzübungen:

- Führen Sie im Kurs einen gemeinsamen Vokabelkasten. Die TN versehen die Vokabelkärtchen mit Zeichnungen und Beispielsätzen.
- Die TN sortieren/sammeln Wortschatz nach Wortfeldern oder zu vorgegebenen Kriterien und bewahren ihre Sammlungen im Portfolio auf.
- Ermuntern Sie die TN, sich Wortschatzparallelen und -unterschiede zu anderen ihnen bekannten Sprachen bewusst zu machen.
- Die TN sammeln Assoziationen zu bestimmten Wörtern, Themen oder Situationen.
- Die TN sammeln Wortschatz zu abstrakten Bildern.
- Geben Sie ein langes Wort vor. Die TN finden in Gruppenarbeit andere Wörter, die sich aus den Buchstaben des vorgegebenen Wortes bilden lassen.
- Umschreiben Sie Wörter. Die TN raten das passende Wort.
- Die TN bilden Wortketten: Ich packe meinen Koffer. Oder: Endbuchstabe eines Wortes = neuer Anfangsbuchstabe.

- Die TN erstellen Wortschatzübungen füreinander: Welches Wort passt nicht in die Reihe? Kreuzworträtsel, Silbenrätsel, Memo-Spiele, Buchstabensalate etc. (vgl. hierzu auch die Kategorie „Aufgaben füreinander" im Arbeitsbuch).
- Erstellen Sie eine Folie des Lernwortschatzes. Geben Sie den TN eine Minute Zeit, die Wörter zu memorieren. Anschließend notieren die TN allein, in Partner- oder Kleingruppenarbeit alle Wörter, die sie behalten haben. Wer konnte die meisten Wörter mit richtiger Rechtschreibung behalten?
- Die TN tauschen Eselsbrücken aus, die ihnen helfen, Wörter zu memorieren.
- Wortschatz raten: Die TN erzählen, was man mit dem zu erratenden Ding machen kann. Diese Übung macht am meisten Spaß, wenn die TN auch fantasievolle und untypische Dinge nennen.
- Wortschatzwettspiel: Die TN notieren einzeln, in Partner- oder in Gruppenarbeit Wortschatz zu bestimmten Themen: alles, was rot ist, alles, was die TN an Regen erinnert, etc.
- Lesen Sie bekannte Texte mit Wortschatzfehlern vor, ohne dass die Sätze sprachlich falsch werden. Die TN geben ein Zeichen, sobald sie einen Fehler erkennen.
- Lesen Sie einen Text vor und machen Sie jeweils vor einem Schlüsselwort eine Pause. Die TN notieren das fehlende Wort.

2.7 Schreibtraining

Allgemeine Aufgaben und Tipps für ein Schreibtraining:

- Verweisen Sie die TN auf die Diktate auf der DVD-ROM.
- Lassen Sie die TN gemeinsam Texte schreiben.
- Die TN korrigieren sich gegenseitig und kommentieren ihre Texte. Achten Sie auch hier darauf, dass die Korrekturen jeweils einen bestimmten Fokus haben.
- Ermutigen Sie die TN, auch in ihrer Freizeit auf Deutsch zu schreiben. Sie können sich z.B. gegenseitig SMS und E-Mails schreiben.
- Die TN erstellen Textsammlungen oder veröffentlichen die Texte auf einer Lernplattform. Es ist motivierend, nicht nur für den Kursleitenden zu schreiben.
- Geben Sie den TN auch kreative Schreibanlässe: Lassen Sie die TN beispielsweise Gedichte und/oder Geschichten verfassen. Bieten Sie TN mit weniger Fantasie Bildergeschichten als Puzzle an: Die TN sortieren zunächst die Bilder und schreiben dann zu jedem Bild einen Satz.

2.8 Binnendifferenzierung

Tipps und Hinweise für die Binnendifferenzierung:

- 70%-Regel: Von zehn Aufgaben machen lernungewohnte TN nur sieben. Die restlichen drei können sie als Hausaufgabe machen.
- Begrenzen Sie den Zeitumfang für das Lösen von Aufgaben. Achten Sie dann beim gemeinsamen Vergleichen darauf, dass Sie mit den lernungewohnten TN anfangen.
- Schnelle TN notieren ihre Lösungen auf einer Folie oder an der Tafel.
- Schnelle TN erstellen zusätzliche Aufgaben füreinander.
- Die TN variieren den Umfang ihrer Sprachproduktion. Während sich beispielsweise lernungewohnte TN auf die Produktion neuer Verbformen konzentrieren, formulieren Lerngewohnte ganze Sätze.

KONZEPTBESCHREIBUNG

- Reduzieren Sie die Vorgaben und Hilfestellungen für lerngewohnte TN. Entfernen Sie beispielsweise vorhandene Auswahlkästen.
- Setzen Sie lerngewohnte TN als Co-Lehrer ein. Sie helfen anderen TN oder bereiten den nächsten Arbeitsschritt vor, sodass Sie Zeit für einzelne TN haben.
- Ermuntern Sie die TN, die Zusatzübungen auf der integrierten Kursbuch-DVD-ROM nach Interesse zu wählen.
- Bieten Sie Wiederholungseinheiten zu unterschiedlichen Themen an, die die TN frei wählen können (beispielsweise zu den unterschiedlichen Fertigkeiten und Teilfertigkeiten oder zu unterschiedlichen Grammatikthemen).
- Lassen Sie die TN auf den Filmseiten ein Thema wählen, zu dem sie einen eigenen Film machen wollen.
- Zu einzelnen Aufgaben finden Sie in diesem Lehrerhandbuch Hinweise zu alternativen Aufgabenstellungen. Lassen Sie die TN die Aufgabenstellung selbst wählen.
- Die TN wählen selbst die Sozialform, in der sie Aufgaben lösen möchten. Achten Sie darauf, dass Sie entweder den zeitlichen Rahmen begrenzen oder zusätzliche Aufgaben für TN, die die Aufgabe in Einzelarbeit bearbeiten, bereithalten.
- Die TN wählen selbst, in welcher Form sie die neue Grammatik aufbereiten wollen: Kognitive TN erstellen Tabellen und formulieren einfache Regeln, kommunikative Lernende üben die Grammatik in gelenkten, kommunikativen Übungen, visuell orientierte TN erstellen Plakate und markieren die Phänomene in unterschiedlichen Farben.

2.9 Lernerautonomie

Aufgaben und Hinweise, um die Sprachbewusstheit der TN zu fördern:

- Ermuntern Sie die TN, Hypothesen über die grammatischen Regeln zu bilden, zu überprüfen und ggf. zu revidieren.
- Die TN vergleichen ihre Hypothesen und tauschen Eselsbrücken aus, mit denen sie sich Phänomene merken.
- Die TN notieren grammatische Regeln, so wie sie sie verstanden haben. Sie können dafür auch ihre Muttersprache nutzen.
- Die TN vergleichen die Grammatik mit der Grammatik in anderen Sprachen und machen sich Parallelen und Unterschiede bewusst.
- Die TN nutzen beim Wortschatzlernen Parallelen und Unterschiede zu anderen Sprachen.
- Die TN erstellen Aufgaben füreinander: Grammatikübungen, Lückentexte, Dialogpuzzle etc.

Aufgaben und Hinweise, um die Reflexion über das Sprachenlernen zu fördern:

- Reservieren Sie eine feste Zeit in der Woche, in der die TN sich mit dem Thema Sprachenlernen auseinandersetzen können.
- Für die Arbeit mit den Portfolioseiten (www.hueber.de/menschen/lernen) schaffen sich die TN einen Ringbuchhefter an.
- Setzen Sie die Portfolioseiten im Unterricht ein.
- Die TN tauschen sich in Kleingruppen aus und verwenden dabei ihre Muttersprache.
- Die TN probieren die Lerntipps aus und bewerten sie.
- Verweisen Sie auch regelmäßig auf die Lerntipps auf den Fertigkeiten- und den Lernwortschatzseiten.

- Die TN führen ein Lerntagebuch, in dem sie ihre Erfahrungen festhalten. Was habe ich ausprobiert? Was hat mir geholfen?
- In einem Lerntagebuch notieren die TN regelmäßig, was sie gelernt haben, und dokumentieren so ihren Lernfortschritt.
- Regen Sie die TN an, sich auch zu notieren, was sie außerhalb des Unterrichts gelernt haben.

Aufgaben und Hinweise, um den Lernzuwachs zu evaluieren und das Lernen zu planen:

- Die TN bearbeiten die Rubrik „Selbsteinschätzung" im Arbeitsbuch. Lassen Sie die Selbsteinschätzung nach einiger Zeit wiederholen. Was können die TN noch? (Tipp: Damit die Selbsteinschätzung mehrfach eingesetzt werden kann, sollten die TN sie mit Bleistift ausfüllen.)
- Besprechen Sie die individuellen Lernziele der TN und deren Umsetzung im Kurs oder individuell.
- Die TN überprüfen regelmäßig, ob sie ihre Lernziele erreicht haben, und dokumentieren ihre Auswertungen.
- Lassen Sie die Selbsttests des Arbeitsbuches im Unterricht bearbeiten und verweisen Sie die TN als Hausaufgabe auf die entsprechenden Online-Aufgaben unter www.hueber.de/menschen/lernen.
- Die TN korrigieren ihre Selbsttests gegenseitig.
- Prüfen Sie den Lernfortschritt mithilfe der Tests zu den Modulen in diesem Lehrerhandbuch ab Seite 136.

UNTERRICHTSPLAN ERSTE STUNDE

	FORM	ABLAUF	MATERIAL	ZEIT
1	EA	Die TN wählen vier Themen aus dem Schüttelkasten aus oder finden eigene Themen. Zu jedem Thema schreiben sie eine Information über sich, eine der vier Informationen sollte unwahr sein.		
2	PL	Die TN stellen sich nacheinander vor und lesen ihre Informationen vor. Die anderen TN machen sich Notizen dazu und markieren, welche Information sie für falsch halten.		
3	GA/PL	Die TN besprechen ihre Vermutungen zu den Falsch-Informationen. Variante: Ein TN stellt sich mit seinen Informationen vor. Die anderen raten direkt, was falsch ist. Erst wenn die Falsch-Information aufgedeckt wurde, kommt der nächste TN mit Vorlesen dran.		

Verwendete Abkürzungen:
TN = Teilnehmer/-in
EA = Still- oder Einzelarbeit
GA = Gruppenarbeit
PA = Partnerarbeit
PL = Plenum

	FORM	ABLAUF	MATERIAL	ZEIT
1	PA/ GA, PL	Wiederholung: Bereiten Sie mehrere Sätze des Dominospiels (Kopiervorlage) vor. Die TN spielen zu zweit oder in Kleingruppen. Das Dominospiel kann auch zur Wiederholung und Festigung in den folgenden Tagen oder als Stundeneinstieg eingesetzt werden. Möglich als weiterführende Übung wäre auch, die Dominokarten komplett auseinanderzuschneiden. Verteilen Sie die einzelnen Kärtchen. Die TN suchen sich den passenden Partner. Machen Sie gern mehrere Durchgänge, damit die TN Zeit haben, die Wörter zu aktivieren und zu trainieren. *Tipp:* Wiederholen Sie bekannten Stoff so oft wie möglich, um alle TN auf den gleichen Stand zu bringen und Gelerntes zu festigen. Zeigen Sie das Einstiegsfoto (Folie/IWB) und führen Sie ein kurzes Gespräch zur Situation mit dem Kurs. Erarbeiten Sie mit den TN gemeinsam Schlüsselwörter, indem Sie sie im Foto markieren und die Vokabeln eintragen (*die Brezel, der Teig, die Backstube* usw.). Die TN hören das Gespräch und kreuzen an. Anschließend Kontrolle. *Lösung:* a mit ihrem Großvater; b kompliziert; c seinem Opa; d gut; e 30 Erklären Sie die Bedeutung von *Es klappt gut.* (= *Etwas funktioniert gut., Etwas geht gut.*) Fragen Sie die TN, was bei ihnen in letzter Zeit gut oder gar nicht geklappt hat.	KV L1|1, Einstiegsfoto (Folie/ IWB), CD 1.02	
2	PL, GA	Wiederholung: Die TN wiederholen kurz das Wortfeld Berufe. Schreiben Sie dazu einen Beruf in Blockbuchstaben an die Tafel, z.B. *Mechaniker*. Schreiben Sie die Buchstaben untereinander. Die TN versuchen nun, zu jedem Buchstaben einen Beruf zu finden, und notieren ihn. Wer ist zuerst fertig? Sie/Er ruft *Stopp*, liest die Berufe vor, die anderen ergänzen, wenn sie andere gefunden haben. Der TN darf einen Beruf für die zweite Runde sagen. Die TN arbeiten in Kleingruppen und führen Gespräche über die Berufe ihrer Großeltern nach dem Muster im Buch. *Tipp:* Wenn Sie einen neuen Kurs in neuer Zusammensetzung haben und die TN noch nicht gut kennen, führen Sie das Gespräch im Plenum. Dann haben Sie direkt Gelegenheit, sich über den Kenntnisstand der einzelnen TN zu informieren, und Sie können Schwierigkeiten der TN, die Ihnen auffallen, im weiteren Kursverlauf aufgreifen. Moodle-Tipp: Forum „Drei Wahrheiten – eine Lüge": Die TN erzählen in vier Sätzen über ihre Familie und die Berufe der Familienangehörigen. Sie schreiben drei wahre Informationen und eine Lüge. Die anderen raten, welche Information falsch ist.		
3	PL, EA, GA, PA	a Zeigen Sie zunächst nur die linke Seite des Stammbaums der Kopiervorlage (Folie/IWB) und wiederholen Sie mit den TN die Wörter, die sie kennen (*Wer ist das? Das ist Lydias …*). Decken Sie die rechte Seite auf und besprechen Sie die neuen Verwandtschaftsbezeichnungen. Führen Sie dabei auch die maskuline bzw. feminine Bezeichnung ein, soweit nicht	KV L1|3a (auch Folie/ IWB)	

ary vorhanden. Verteilen Sie dann die Kopiervorlage. Die TN lösen die Aufgabe 2 selbstständig. In Kursen mit überwiegend lernungewohnten TN bearbeiten Sie die Aufgabe im Plenum. Anschließend Kontrolle.

Zusätzlich oder alternativ zeichnen die TN einen Stammbaum ihrer Familie und klären die Verwandtschaftsbeziehungen in Kleingruppen und/oder befragen sich anhand der Stammbäume (*Wer ist Ida? – Ida ist meine Tante.*).

Die TN versuchen zu zweit, das Rätsel im Buch zu lösen. Wenn sie nicht weiterkommen, können sie sich am Stammbaum der Kopiervorlage orientieren oder ihre Lösungen mit anderen Paaren überprüfen. Anschließend Kontrolle.

Als Wiederholung zu einem späteren Zeitpunkt spielen die TN in Kleingruppen „Verwandten-ABC": Die TN notieren das Alphabet auf einem großen Zettel und schreiben zu jedem Buchstaben einen Namen und Verwandtschaftsgrad von realen Verwandten aus der Gruppe, z.B. bei X: *Xavi ist Martas Onkel*. Wiederholen Sie die Endung -s bei Eigennamen, wenn nötig. Die Gruppe, die für die meisten Buchstaben einen Namen zuordnen kann, hat gewonnen. Anschließend können Sie die Listen einsammeln und die TN anhand der Listen fragen, z.B. *Wer ist Xavi?* Der mit Xavi verwandte TN antwortet. Es dürfen aber auch die TN antworten, die sich daran erinnern können, mit wem Xavi verwandt ist.

Moodle-Tipp: Die TN entwerfen auf einer externen Webseite (z.B. http://trees.ancestry.de) ihren Familienstammbaum und laden ihn hoch. Im nächsten Präsenzunterricht stellen Freiwillige ihren Stammbaum vor.

Lösung: 1 Pauls Onkel; 2 sein Cousin; 3 seine Nichte; 4 der Schwiegervater

Erklären Sie den TN die Komposita mit *Schwieger*-, die sich auf die angeheiratete Seite beziehen. Weisen Sie auch auf den Wiederholungskasten im Buch hin, indem Sie den TN noch einmal bewusst machen, welches Personalpronomen zu welchem Possessivartikel gehört.

PL (PA)	b Zeigen Sie zunächst nur das Foto (Folie/IWB). Die TN äußern Vermutungen darüber, wer auf dem Foto zu sehen ist und wann das Foto gemacht wurde. Dann hören sie das Gespräch so oft wie nötig und notieren, wer wer ist. Anschließend Kontrolle, indem Sie die Personen auch auf Folie/IWB markieren.	Foto (Folie/IWB), CD 1.03

Lösung: (von oben nach unten) Eltern; Onkel Willi; Lilli; Opa

Wiederholung: Die TN beschreiben die Personen auf dem Foto (Aussehen, Kleidung). Dies kann auch in Partnerarbeit als Frage-Antwort-Spiel gemacht werden.

PL, PA, GA	c Die TN hören den Ausschnitt des Gesprächs so oft wie nötig und ergänzen die Possessivartikel. Anschließend Kontrolle. *Lösung:* meine, unser; unser; euer, mein, Mein, seine, seinem, Meinem Erklären Sie den TN, dass *unser* der Possessivartikel zu *wir* ist, *euer* zu *ihr*. Weisen Sie sie auch auf die anderen Formen im Grammatikkasten hin. Es geht hier zunächst nur darum, die Bedeutung klarzumachen. Zum besseren Verständnis können Sie auch einige Beispiele aus dem Kurs geben, z.B.: *Ich bin Ihre Kursleiterin. Das hier ist unser Kursraum.* usw. Die TN markieren in einer Farbe alle Subjekte (Nominativformen) in der Aufgabe. Zeigen Sie dann den Text (Folie/IWB) und markieren Sie auf Zuruf ebenfalls. In einer anderen Farbe markieren die TN danach alle Akkusativformen, dann in einer dritten Farbe die Dativformen. Weisen Sie ggf. darauf hin, dass die TN auch auf Formen nach Präpositionen achten sollen. Alles wird mithilfe der Folie/IWB verglichen. Erstellen Sie dann anhand der Beispiele ein Tafelbild, ergänzen Sie fehlende Formen mit eigenen Beispielen und markieren Sie die Endungen.		CD 1.04, Aufgabe auf Folie/ IWB, KV L1|3c, Familien- fotos der TN

	Nominativ	Akkusativ	Dativ
der	unser Opa	ein__en__ Opa	sein__em__ Schwiegersohn
das			d__em__ Foto
die	mein__e__ Schwester	sein__e__ Bäckerei	ihr__er__ Bäckerei
die (Plural)	mein__e__ Eltern		

Die TN vergleichen die Tabelle an der Tafel mit der Tabelle im Buch. Erklären Sie, dass die Endungen für den definiten Artikel, den indefiniten Artikel und den Possessivartikel sich entsprechen. Weisen Sie besonders auf *eu(e)r* hin, wo, sobald eine Endung angehängt wird, *-e* wegfällt, also *eure, eurem* usw.

Extra: Verteilen Sie je einen Satz Karten der Kopiervorlage an zwei TN. Die TN mischen die Karten und verteilen sie gleichmäßig. Der jüngere TN spielt eine Karte mit einem Satz aus. Der andere TN spielt eine Karte mit einer passenden Endung aus. Ist die Endung richtig, darf er eine Satzkarte ausspielen. Ist die Endung falsch, nimmt er beide Karten auf die Hand. Das Spiel endet, sobald eine Spielerin / ein Spieler keine Karten mehr auf der Hand hat oder keine passende Karte mehr legen kann. Schnelle TN können weitere Spielkarten erstellen, sie unter die anderen mischen und eine neue Runde spielen.

Sprechen Sie mit den TN über Berufstraditionen. Gibt es solche in der Familie der TN? Wie ist das in den Heimatländern?

Moodle-Tipp: Die TN sammeln im Glossar (traditionelle) Berufe ihres Heimatlandes und laden Fotos dazu hoch.

Die TN bringen Familienfotos mit und erzählen in Kleingruppen, wer das ist und was die Personen beruflich machen.

UNTERRICHTSPLAN LEKTION 1

4	PL, GA	Wiederholung: Artikel und Pluralformen sind eine besondere Schwierigkeit für die TN, sodass Sie gar nicht genug Übungen dazu machen können. Eine Möglichkeit ist „Lebendes Domino". Dazu schreiben Sie jedes Wort aus dem Spiel der Aktionsseite auf je einen großen Zettel, ergänzen Sie so viele Wörter im Plural, dass Sie für jeden TN im Kurs einen Zettel mit einem Wort haben. Schreiben Sie dann zu jedem Zettel einen weiteren Zettel mit dem passenden Artikel, markieren Sie *die* (Plural) durch Unterstreichung. Jeder TN erhält nun einen Wortzettel und einen Zettel mit einem beliebigen Artikel. Die TN befestigen sich das Wort mit Klebeband auf dem Rücken, der Artikel klebt auf dem Bauch. Auf Ihr Zeichen hin stellen sich die TN so Bauch an Rücken auf, dass zu jedem Bauchartikel ein passendes Rückenwort kommt. Zur Kontrolle sagen die TN der Reihe nach ihr Wort mit Artikel. Dann wird eine zweite Runde gespielt. Die TN behalten ihre Zettel. Sie dürfen sich nicht zur selben Person stellen wie in der vorhergehenden Runde. Nach zwei Runden erhalten sie einen neuen Artikel. Auch die Wörter werden neu gemischt.	große Zettel, Klebeband, Würfel, Spielfiguren
		Die TN arbeiten in Kleingruppen. Verteilen Sie Würfel und Spielfiguren. Die TN sehen sich die Begriffe auf dem Spielplan an. Fragen Sie nach dem jeweiligen Artikel und erklären Sie für TN, welche die Genuspunkte nicht schon aus *Menschen* A1 kennen, die Bedeutung der Farben. Wiederholen Sie auch ein paar gängige Verben und Präpositionen (*mit, ohne,* lokale Präpositionen) mit Dativ und Akkusativ, um den TN Beispiele für das freie Spiel an die Hand zu geben. Alle Figuren stehen auf Start. Der TN, der den ältesten Opa hat, beginnt. Er würfelt, zieht seine Figur, dann würfelt er noch einmal. Die zweite Zahl gibt den Possessivartikel an. Der TN bildet einen Satz. Ist dieser richtig, bekommt er einen Punkt. Dann ist der nächste TN dran. Die TN spielen zehn Minuten. Wer die meisten Punkte hat, hat gewonnen. Variante für lerngewohnte TN: Sie bekommen den Punkt nur, wenn sie in ihrem Satz ein Verb benutzen, das bisher noch nicht vorgekommen ist.	
5	PL (PA)	a Die TN sehen sich die Bilder an. Dann hören sie die Geschichte und markieren die Reihenfolge der Bilder. Anschließend Kontrolle.	CD 1.05
		Alternativ können die TN in Kursen mit überwiegend lerngewohnten TN zuerst zu zweit über die Reihenfolge beraten. Sie können sich dabei eine mögliche Geschichte überlegen.	
		Lösung: (von links nach rechts) 3; 4; 2; 6; 5	
		Klären Sie die Bedeutung der Wendung *Geh doch dahin, wo der Pfeffer wächst!*: Eine unerwünschte oder unerträgliche Person soll weit weggehen, sodass man sie nicht mehr sehen muss. Gibt es in den Herkunftsländern eine ähnliche Wendung?	
		Sprechen Sie mit den TN über Onkel Willi: Was für ein Mensch ist er? Finden die TN ihn sympathisch? Kennen sie einen ähnlichen Menschen oder haben ihn in ihrer Verwandtschaft? Achtung: Die TN erzählen nur kurz, das Thema wird in Aufgabe 8 vertieft.	

PL (EA)	b Die TN hören die Geschichte noch einmal und ergänzen die Tabelle. Lerngewohnte TN können die Tabelle auch zuerst ergänzen und hören die Geschichte zur Kontrolle. Anschließend gemeinsame Kontrolle. *Lösung*: er hat gearbeitet, er ist tanzen gegangen, keiner hat gebacken, Großvater hat gerufen, was passiert ist, er ist gefahren; sein: war; haben: hatte	CD 1.05	
EA/ PA, PL	c Die TN zeichnen eine Tabelle wie in b ins Heft und tragen die Verben ein. Lerngewohnte TN können das auch in Partnerarbeit machen. Anschließend Kontrolle. *Lösung*:	Ball, KV L1|5c, Klebeband	

	Perfekt			
	Typ machen – gemacht fahren – gefahren	Typ anmachen – angemacht	Typ telefonieren – telefoniert	Typ erkennen – erkannt
vergessen				hat vergessen
kaufen	hat gekauft			
verkaufen				hat verkauft
kommen	ist gekommen			
ankommen		ist angekommen		
bekommen				hat bekommen
anrufen		hat angerufen		
buchstabieren			hat buchstabiert	
ausmachen		hat ausgemacht		
stehen	hat gestanden			
verstehen				hat verstanden
bestehen				hat bestanden
fotografieren			hat fotografiert	
suchen	hat gesucht			
besuchen				hat besucht

Das Perfekt steht für vergangene Ereignisse und Zustände und wird vor allem mündlich und im Alltag benutzt. Wiederholen Sie mit den TN, wie die verschiedenen Verbtypen das Partizip II bilden: Einfache Verben erhalten das Präfix *ge-* und enden auf *-t* (regelmäßige Verben) bzw. auf *-en* (starke Verben). Bei trennbaren Verben rutscht *-ge-* zwischen Präfix und Basisverb, bei nicht trennbaren Verben sowie Verben auf *-ieren* entfällt *ge-*. Weisen Sie auch darauf hin, dass bei Richtungsverben bzw. einer Bewegung von einem Ort zu einem anderen das Perfekt in der Regel mit *sein* gebildet wird. Sammeln Sie mit den TN die wichtigsten Verben an der Tafel. Bei den Verben *sein* und *haben* wird meistens

UNTERRICHTSPLAN LEKTION 1

das Präteritum benutzt, das für diese beiden Verben bereits aus A1 (Lektion 11, 12, 19) bekannt ist. Wiederholen Sie ggf. die Konjugation von *war* und *hatte*.

Die TN üben, indem sie sich im Kreis aufstellen. Ein TN nennt ein Verb und wirft einem anderen einen Ball zu. Dieser sagt mit dem genannten Verb einen Satz im Perfekt. Bei lerngewohnten TN stellen Sie erweiternde Fragen (z.B. Wo? Wann? Mit wem? usw.), damit die Sätze nach und nach länger werden und sich der Schwierigkeitsgrad erhöht.

Extra: Verteilen Sie die Kopiervorlage. Die TN arbeiten zu zweit, einer bekommt A und einer B. Die Paare befragen sich gegenseitig und notieren die Antworten. Nutzen Sie die Kopiervorlage auch, um die Satzstellung (Inversion) bei Zeitangaben zu wiederholen. Lerngewohnte TN oder TN, die schon fertig sind, schreiben die Sätze zusätzlich auf, wobei sie zusätzliche Informationen geben sollten: wo hat die Person das gemacht, mit wem oder warum.

Zusätzlich oder zu einem späteren Zeitpunkt als Wiederholung malen die TN auf, was sie am Vortag gemacht haben, zwei oder drei Tätigkeiten genügen. Geben Sie dazu eine Minute Zeit. Die TN befestigen den Zettel mit Klebeband auf ihrem Rücken. Zu zweit bewegen sie sich durch den Raum und unterhalten sich anhand der Zettel darüber, was die anderen gemacht haben. In der Abschlussrunde stehen die TN im Kreis, zeigen ihren Zettel, ein TN äußert nochmal seine Vermutung dazu. Der TN mit dem Zettel bestätigt oder korrigiert.

Tipp: Streuen Sie auch in den folgenden Kurstagen immer wieder kleine Übungen zum Perfekt ein, damit den TN die Formen geläufig werden. Geeignet ist es auch, Verben zum Stundeneinstieg pantomimisch spielen zu lassen, die anderen raten, was der TN gemacht hat. Oder ein TN macht eine typische Handbewegung, die anderen raten. Eine weitere Idee für lerngewohnte TN ist, dass die TN fünf wichtige Daten aus ihrem Leben auf Zettelchen notieren. In Kleingruppen legen die TN diese Zettel chronologisch aus. Der TN mit dem frühesten Datum erzählt, was an diesem Tag, in diesem Monat oder Jahr passiert ist. Er soll eine Minute darüber erzählen, ein anderer TN schaut auf die Uhr. Dann erzählt der TN mit dem nächsten Datum usw.

Moodle-Tipp: Die TN erzählen im Wiki gemeinsam eine Geschichte in der Vergangenheit. Leiten Sie die Geschichte mit ein bis zwei Sätzen ein. Jeder TN schreibt mindestens zwei Sätze.

6   EA, PL   a Die TN sehen sich das Bildlexikon zwei Minuten lang an. Danach schließen sie das Buch. Nennen Sie nacheinander Aktivitäten aus dem Bildlexikon und fragen Sie die TN, ob sie das als Kind gern gemacht haben. Wenn ja, stehen die TN auf.

Variante: Wenn Sie mehr Aktivität wollen, bestimmen Sie eine Ecke des Kursraumes als Gern-Ecke, eine andere als Nicht-Gern-Ecke. Sie fragen die TN wie oben, die TN laufen in die entsprechende Ecke.

	PA, PL, EA	b Die TN schreiben zu zweit sechs Fragen wie im Beispiel. Es ist wichtig, dass beide TN die Fragen notieren. Dann gehen die TN herum und fragen andere TN. Sie notieren möglichst viele Namen von TN, die das auch gemacht haben. Regen Sie die TN dazu an, mehr zu antworten als *Ja* oder *Nein*, sie sollen etwas über das Thema erzählen (*Was war toll oder nicht so toll? Wann/Wie haben Sie es gemacht? Warum?*). Rufen Sie nach einer bestimmten Zeit *Stopp*. Wer hat die meisten gefunden? Wenn Sie noch mehr üben möchten, stellen sich die TN zur Auswertung in einen Kreis. Ein TN steht in der Mitte, die anderen sehen in ihre Notizen und berichten, was sie über diesen TN erfahren haben, auch das, was er zusätzlich erzählt hat. Dann geht ein anderer in die Mitte usw. Zusätzlich oder als Hausaufgabe schreiben die TN einen kurzen Text über ihre Kindheit: Was haben sie wann, gern oder nicht gern, oft oder selten gemacht? Was machen sie heute noch gern und oft? Korrigieren Sie die Texte oder lassen Sie die TN die Texte zunächst in Partnerarbeit mit Bleistift korrigieren. Tipp: Streichen Sie Fehler nur an. Die TN versuchen, diese selbstständig zu korrigieren. Dabei sollten Sie nur die Fehler anstreichen, die die TN auch allein verbessern können. Fehler, die über den Kenntnisstand der TN hinausgehen, verbessern Sie selbstverständlich. Ermuntern Sie die TN, den korrigierten Text noch einmal abzuschreiben. So schleifen sich die Korrekturen besser ein, als wenn die TN nur einen Blick auf den Text werfen.	
	PL/ GA	c Die TN bilden zwei Mannschaften, bei großen Kursen können sie auch vier Mannschaften bilden und je zwei spielen gegeneinander. Die erste Gruppe stellt eine Frage zur Kindheit und wählt einen TN aus der anderen Gruppe, der antworten muss. Für ein *Ja* gibt es einen Punkt für die Fragegruppe. Die andere Gruppe bekommt aber für jeden weiteren richtigen Satz, den der TN sagt, einen weiteren Punkt. Wenn Ihnen 90 Sekunden zu lang erscheinen, kürzen Sie die Zeit nach Bedarf, damit das Spiel nicht zu langatmig wird.	
7	PL, PA/ GA, EA	Die TN hören die Geschichte von Onkel Willi noch einmal. Weisen Sie auf den Infokasten mit den Temporaladverbien hin, die zur zeitlichen Strukturierung einer Erzählung benutzt werden. Erinnern Sie die TN an die Satzstellung, denn die Adverbien stehen häufig auf Position 1. Anhand der Stichwörter erzählen die TN die Geschichte nach: im Plenum reihum, in Partnerarbeit (die TN erzählen sich gegenseitig die Geschichte) oder schriftlich in Gruppen. Für lerngewohnte TN können Sie die Stichwortliste mit Infinitiven vorbereiten oder die TN auch ganz frei erzählen lassen. Als Hausaufgabe können die TN die Geschichte aufschreiben. Vielleicht haben sie Lust, die Geschichte weiter auszuschmücken: Wie war das Wetter? Wie haben die Kunden reagiert? Welche Krankheit hatte der Vater? usw. Die TN zählen die Wörter ihrer Geschichte. Die längste und die kürzeste werden vorgelesen.	CD 1.05

UNTERRICHTSPLAN LEKTION 1

Tipp: Die TN spielen in Kleingruppen Fehlerlesen mit ihren Geschichten. Ein TN liest seine Geschichte vor, die anderen klopfen, wenn sie einen Fehler hören und korrigieren. Machen Sie die Gruppen nicht zu groß, sonst wird es schnell langweilig. Die Geschichte, von der die TN glauben, dass sie komplett fehlerlos ist, wird im Plenum vorgetragen. Wer findet doch noch Fehler?

8 GA a Die TN arbeiten zu viert. Zunächst einigen sie sich auf eine Geschichte. Wenn die TN keine geeignete Person in ihren Familien finden oder nichts davon erzählen möchten, können sie auch eine Geschichte erfinden. Dazu machen sie sich Notizen wie in 7. Gehen Sie herum und helfen Sie bei Fragen zu Vokabeln und Perfektformen. Die TN bereiten die Geschichte so weit vor, dass sie sie anschließend im Plenum gemeinsam erzählen können. Damit jeder zu Wort kommt, müssen die Erzähler nach jedem zweiten Satz wechseln. Weisen Sie die TN vorab auf diese Regel hin, damit sie sich entsprechend vorbereiten. Lernungewohnte TN schreiben die Geschichte auf und bereiten sich auf das Erzählen vor, indem sie die Geschichte mehrmals laut lesen oder auch auswendig lernen.

PL (GA) b Um den TN die Betonung und Funktion der Wendungen aus dem Kommunikationskasten nahezubringen, können Sie ihnen zuerst eine Geschichte erzählen und diese Wendungen mit deutlicher Betonung einflechten. Sammeln Sie mit den TN an der Tafel auch Wendungen für erstaunte Reaktionen (vgl. *Menschen A1*, Lektion 19).

Die Gruppen erzählen ihre Geschichten dem Plenum. Alle überlegen, ob sie eine Redewendung aus ihrer Heimat kennen, die zu der jeweiligen Geschichte passt.

Variante für lerngewohnte TN: Die TN bereiten die Geschichte in der Kleingruppe soweit vor, dass jeder aus der Gruppe sie erzählen kann. Dann werden die Gruppen neu zusammengestellt mit je einem TN aus den alten Gruppen. Jeder TN erzählt der neuen Gruppe seine Geschichte.

Extra: Nehmen Sie die Geschichten auf. Transkribieren Sie einige davon als Lückentexte und verteilen Sie sie als Übung in den nächsten Kurstagen. Die TN können in ihren Gruppen auch selbst Lückentexte für die anderen vorbereiten. Selbst erstellte Übungsblätter erhöhen die Motivation.

PL c Die TN stimmen darüber ab, welche Geschichte ihnen am besten gefallen hat.

	FORM	ABLAUF	MATERIAL	ZEIT
1	PL, GA	Erklären Sie die Bedeutung von *umziehen*, *einrichten* und *renovieren*. Führen Sie ein kurzes Gespräch zum Einstiegsfoto, ob und wie oft die TN schon umgezogen sind, ob sie das gern machen usw. In sprachhomogenen Kursen kann dieses Einstiegsgespräch auch in der gemeinsamen Sprache erfolgen.		
		Wiederholung: Die TN erstellen in Kleingruppen eine Liste, was man bei einem Umzug alles machen muss: *Möbel tragen*, *putzen*, *packen* usw. Begrenzen Sie die Zeit auf drei Minuten. Eine Gruppe trägt ihre Liste vor, indem sie Sätze mit *Habt/Seid ihr beim Umzug …?* macht. Die anderen antworten im Chor: *Oh ja, wir haben/sind viel/oft …*, Beispiel: *Habt ihr beim Umzug viele Möbel getragen? – Oh ja, wir haben viele Möbel getragen*. Da die Listen sich vermutlich überschneiden, schleifen sich die Wörter und Wendungen gut ein.		
		Moodle-Tipp: Machen Sie eine Abstimmung zu „Sind Sie schon einmal umgezogen?" Alle TN geben ihre Stimme ab. Geben auch Sie Ihre Stimme ab. Verlinken Sie die Abstimmung mit dem Forum. Jeder TN stellt einem anderen mindestens eine W-Frage zum Umzug, z.B. *Wie oft bist du umgezogen?*		
2	PL	Die TN sehen sich das Foto an: Wer ist Jasmin? Wer sind die Möbelpacker? Die TN zeigen die Personen auf dem Foto. Was sehen sie auf dem Foto sonst noch? Was ist das Problem? Führen Sie dabei das Wort *Kommode* ein.	CD 1.06	
		Die TN lesen die Sätze und hören das Gespräch so oft wie nötig und markieren, wer das sagt. Anschließend Kontrolle.		
		Lösung: a Stefan; b Jasmin; c/d Möbelpacker		
3	PL, EA	a Wiederholung: Sagen Sie den TN, dass sie eine Minute Zeit bekommen, um Möbel zu notieren, natürlich mit Artikel. Auf Ihr Zeichen beginnen die TN, bei *Stopp* legen alle den Stift zur Seite. Wer die meisten gefunden hat, liest seine Liste vor. Die anderen haken auf ihrer Liste ab, was genannt wird. Anschließend ergänzen sie ggf. Möbel, die noch nicht genannt worden sind. Alternativ oder zusätzlich verteilen Sie die Kopiervorlage. Die TN lesen die E-Mail und schreiben die Möbel richtig. Anschließend tragen sie sie in die Artikeltabelle ein.	KV L2|3a, Streichhölzer, CD 1.07	
		Extra: Wer hat wie viele? Ein TN „bietet": *Ich habe vier Stühle. Wer hat mehr?* Wer die meisten hat, erhält ein Streichholz. Dann „bietet" ein anderer TN ein anderes Möbelstück usw. Gewonnen hat, wer am Ende die wenigsten Streichhölzer hat. Denn dieser TN hat am wenigsten Arbeit beim Umzug.		
		Die TN sehen sich die zwei Fotos an. Sie spekulieren, welches Zimmer Stefan und welches Jasmin eingerichtet hat. Sie hören die beiden Aussagen von Stefan und Jasmin so oft wie nötig und markieren, was passt. Anschließend Kontrolle.		
		Lösung: Foto oben: Jasmin; Foto unten: Stefan		

UNTERRICHTSPLAN LEKTION 2

	Sprechen Sie mit den TN darüber, wie es bei ihnen ist, eher wie bei Jasmin oder eher wie bei Stefan? Was ist für die TN am wichtigsten in ihrer Wohnung? Wie fühlen sie sich am wohlsten? Anschließend schreiben die TN eine Liste (mit Artikel) ihrer Wohnzimmermöbel.	
PL, PA, GA	b Die TN hören die Aussagen noch einmal so oft wie nötig und ergänzen. Anschließend Kontrolle.	CD 1.07, Stofftier, Fotos aus Illustrierten
	Lösung: 1 Sofa; 2 Sofa; 3 Schrank	
	Fragen Sie die TN, wo das Sofa steht, die Kissen liegen usw., und schreiben Sie die Antworten an die Tafel. Markieren Sie die Dativ-Formen. Erinnern Sie die TN an die Wechselpräpositionen, die sie schon aus *Menschen A1* (Lektion 13) kennen, und notieren Sie sie. Machen Sie die TN auch auf die Verben *stehen, liegen, hängen* aufmerksam.	
	Wiederholung: Bringen Sie ein Stofftier mit, das Sie an unterschiedlichen Orten im Kursraum positionieren. Die TN sagen, wo es liegt oder steht.	
	Die TN beschreiben in Partnerarbeit zuerst die beiden Fotos (*Die Pflanze steht zwischen …*), dann anhand der Liste aus a ihr eigenes Wohnzimmer.	
	Ergänzen Sie die Perfektformen der Verben an der Tafel.	

```
stehen  — hat gestanden
liegen  — hat gelegen
hängen  — hat gehangen
```

Dann sprechen die TN zu zweit darüber, wie ihr Wohnzimmer früher, z.B. in ihrer ersten eigenen Wohnung, aussah oder wie das Wohnzimmer der Eltern oder Großeltern aussah.

Extra: Wenn Sie genügend Zeit haben, bringen Sie weitere Bilder von Räumen (z.B. Homestorys aus Illustrierten) mit. Die TN arbeiten in Kleingruppen und beschreiben die Fotos. Oder sie machen mit dem Smartphone Fotos ihrer Wohnung und beschreiben diese. Möglich ist es auch, alle Fotos der Gruppe in die Mitte zu legen. Ein TN beschreibt ein Foto, die anderen raten, welches gemeint ist.

Moodle-Tipp: Alternativ beschreiben die TN im Glossar oder im Forum ein Zimmer in ihrer Wohnung oder in ihrem Haus. Sie laden auch ein Foto von diesem Zimmer hoch.

4	PA	Die TN schlagen die Aktionsseiten auf. Bei dieser Aufgabe arbeiten die TN in Partnerarbeit, aber auf verschiedenen Seiten im Buch. Das heißt: Die Partner haben unterschiedliche Informationen. Sie erfragen die fehlenden Informationen bei ihrer Partnerin / ihrem Partner und notieren die Antworten. Um den TN das Prinzip zu verdeutlichen, machen Sie zuerst einige Beispiele im Plenum vor. Die TN sitzen dann Rücken an Rücken. Sie beschreiben sich gegenseitig die Zimmer und notieren Unterschiede und/oder Gemeinsamkeiten. Lernungewohnte TN beschriften bei Bedarf zuerst die Möbel auf den Bildern mit den Vokabeln und Artikeln.		
		Zusätzlich können die TN Gemeinsamkeiten in ihren Wohnungen suchen und notieren. Bei lerngewohnten TN ist das auch als Wettspiel möglich: Welches Paar findet in fünf Minuten die meisten Gemeinsamkeiten?		
5	PL, EA	a Die Bücher sind geschlossen. Präsentieren Sie die Bilder zum Text (Folie/IWB). Sagen Sie den TN, dass es sich um Fotos aus einer Zeitschrift handelt, die Tipps zum Einrichten gibt. Die TN spekulieren darüber, welche Tipps zu den jeweiligen Fotos gegeben werden. Danach lesen die TN die Aussagen zum Text sowie den Text und kreuzen an. Anschließend Kontrolle.	Bilder des Magazintexts (Folie/IWB)	
		Lösung: richtig: 2; 3		
		Sprechen Sie mit den TN darüber, ob sie solche Zeitschriften lesen und ob sie sich danach einrichten (würden)? Wie finden sie die Tipps?		
	EA, PL	b Die TN lesen die Tipps noch einmal, markieren die passenden Artikel und ergänzen die Tabelle. Anschließend Kontrolle.	Grammatikkasten als Plakat	
		Lösung: 2 ein; 3 den; 4 eine; Tabelle (von oben nach unten): den, ein, eine		
		Weisen Sie auf die rechte Seite des Grammatikkastens hin. Erklären Sie nochmals, dass bei der Frage *Wo?* eine Position angegeben wird, die Wechselpräpositionen werden mit dem Dativ benutzt. Gehen Sie dann zur linken Seite der Tabelle: Die Frage *Wohin?* verweist auf eine Orts- und Positionsveränderung. Die Wechselpräpositionen werden mit dem Akkusativ benutzt. Machen Sie den TN klar, dass nur die neun sogenannten Wechselpräpositionen den Kasus wechseln können.		
		Die TN lesen die Sätze noch einmal und unterstreichen die Verben. Machen Sie sie auf den Unterschied von *stehen – stellen, liegen – legen* und *hängen – hängen* aufmerksam. Schreiben Sie einige Beispielsätze an die Tafel.		

Wohin?	Wo?
Ich stelle die Blumen auf <u>den</u> Tisch.	Die Blumen stehen auf <u>dem</u> Tisch.
Wir legen den Teppich in <u>den</u> Flur.	Der Teppich liegt im (in <u>dem</u>) Flur.
Jasmin hängt Bilder an <u>die</u> Wand.	Die Bilder hängen an <u>der</u> Wand.

UNTERRICHTSPLAN LEKTION 2

Damit die TN sich das einprägen können, sollten Sie vom Grammatikkasten ein Plakat erstellen, das für einige Wochen im Kursraum aufgehängt wird, sodass die TN bei Bedarf „spicken" können.

Die TN lesen den Magazintext noch einmal und markieren alle Satzglieder mit Wechselpräpositionen farbig, eine Farbe für *Wohin?*, eine andere für *Wo?*.

	PL, EA, PA	c Weil der Wechsel von Dativ und Akkusativ im direkten Gespräch nicht so einfach ist, helfen Sie mit einer Automatisierungsübung. Sprechen Sie vor: *Ich lege das Buch auf den Tisch*. Die TN wiederholen: *Aha, du legst / Sie legen das Buch auf den Tisch*. Dabei machen alle die Bewegung nach.	KV L2|5c

Tipp: Achten Sie darauf, dass die TN während des Sprechens möglichst häufig agieren, damit sich Bewegung und Grammatik im Kopf miteinander verknüpfen.

Die TN beschreiben die Bilder im Bildlexikon in ganzen Sätzen und schreiben die Sätze ins Heft. Anschließend Kontrolle.

Extra: Schneiden Sie die Bilder der Kopiervorlage aus. Verwenden Sie die Kärtchen zuerst <u>mit</u> den Wendungen. Jeder TN bekommt eine Karte. Die TN gehen herum und zeigen einer Partnerin / einem Partner ihr Bild. Der Partner bildet einen passenden Satz / ein passendes Beispiel dazu. Dann tauschen die Partner die Karten und suchen einen neuen Partner. Tauschen Sie nach und nach die Karten gegen Karten ohne Wendungen aus. Wenn Sie das Gefühl haben, die TN sind sicher genug, brechen Sie die Übung ab. Sie können sie zu einem späteren Zeitpunkt zur Wiederholung und Festigung einsetzen.

Die TN befragen sich zu zweit nach dem Muster im Buch.

Extra: Die TN erstellen als freiwillige Hausaufgabe eigene Übungsblätter, indem sie mit dem Smartphone Fotos nach dem Muster im Bildlexikon machen. Die Fotos werden für alle ausgedruckt oder auf die Lernplattform gestellt. Die TN schreiben vollständige Sätze zu den Fotos. Alternativ machen die TN zu zweit kleine Filme: Einer platziert Gegenstände und kommentiert das (*Seht her: Ich stelle die Vase auf den Tisch. Jetzt steht die Vase auf dem Tisch.*), der andere filmt. Präsentation der Mini-Filme im Kurs oder auf der Lernplattform.

6	PA	Die TN sitzen Rücken an Rücken und schlagen die Aktionsseiten auf. Sie befragen sich nach dem Muster im Buch.	
7	GA	a In Kleingruppen erarbeiten die TN vier wichtige Einrichtungstipps und halten sie auf einem Plakat fest. Moodle-Tipp: Legen Sie ein Wiki „Unsere Einrichtungstipps" an. Jeder TN schreibt einen Tipp.	Plakate

	PL, PA	b Die Kleingruppen präsentieren ihre Tipps im Plenum. Formulierungshilfen finden sie im Kommunikationskasten. Legen Sie vorab fest, dass die Gruppen mindestens zwei Redemittel aus dem Kasten anwenden müssen. Erfahrungsgemäß „übersehen" die TN diese Hilfen häufig und machen dann ganz unnötig Fehler beim Sprechen. Stimmen Sie mit den TN darüber ab, welcher Tipp der beste war. Extra: Verteilen Sie je eine Rollenkarte der Kopiervorlage an die Hälfte der TN. Die Rollenkarten liegen in zwei Versionen vor, sodass Sie sie zur Binnendifferenzierung nutzen können: Die farbigen Karten enthalten nur Stichworte und sind für lerngewohnte TN. TN ohne Rollenkarte sind Mitarbeiter eines Einrichtungsservices. Die TN mit Karte suchen sich eine Person ohne Karte, sie spielen zusammen ein Telefongespräch. Sie rufen beim Service an und schildern ihr Problem. Die Mitarbeiterin / Der Mitarbeiter gibt Tipps. Die Plakate und der Magazintext geben dabei Hilfestellung. Sammeln Sie die Karten wieder ein und verteilen Sie sie neu.	KV L2|7b
8	EA	a Die TN wählen einen Gegenstand und notieren Assoziationen nach den Vorgaben im Buch.	
	EA, PL	b Anschließend schreiben die TN nach den Vorgaben ein Gedicht. Wer mag, trägt sein Gedicht vor. Alternativ können die TN auf einem Zettel jeweils nur die erste Zeile schreiben, dann geben sie den Zettel weiter, der nächste ergänzt die folgende Zeile usw. Spaßig kann es werden, wenn die Zeilen jeweils weggeknickt werden. Dabei sollten Sie zu jedem Gedicht einen Raum vorgeben, damit der Bereich etwas eingegrenzt wird. Tipp: Wenn die TN Gedichte vortragen sollen, geben Sie ihnen Zeit, die Gedichte einzuüben, und ermuntern Sie sie, den Vortrag durch Gesten zu unterstreichen. Moodle-Tipp: Jeder TN macht ein Foto von einem Gegenstand aus seiner Wohnung und zwar so, dass nur ein Teil davon erkennbar ist (evtl. gezoomt). Das Foto wird auf die Lernplattform gestellt. Die anderen versuchen durch Fragen zu erraten, was das Foto zeigt.	ggf. Zettel

UNTERRICHTSPLAN LEKTION 3

	FORM	ABLAUF	MATERIAL	ZEIT
1	GA, PL	Teilen Sie den Kurs in vier Gruppen. Jede Gruppe erhält ein Foto der Einstiegsseite. Die Gruppen sammeln Wörter und Assoziationen zu ihrem Foto und überlegen, was man dort im Urlaub machen kann. Anschließend stellen die Gruppen ihre Ergebnisse im Plenum vor.	vergrößerte Fotos der Einstiegsseite	

Wiederholung: Sammeln Sie mit den TN Wendungen für Gefallen (… *gefällt mir gut / am besten. / Ich mag …* usw.).

Die TN sehen sich die Fotos noch einmal im Buch an und berichten, welches Foto ihnen besonders gut gefällt. Warum? Fragen Sie auch, ob sie lieber Städtereisen oder lieber Reisen in landschaftlich schöne Regionen machen bzw. was ihnen an einem Urlaubsort wichtig ist. Die Wörter im Bildlexikon helfen bei Bedarf.

	FORM	ABLAUF	MATERIAL	ZEIT
2	PL, PA	Lesen Sie mit den TN die Städtenamen auf der Skizze (Beachten Sie die Aussprache: *Ros-tock*). Erklären Sie, dass St. für *Sankt* steht und *heilig* bedeutet. Die TN kennen das aus anderen Sprachen in Städtenamen wie San Francisco, São Paulo oder Saint-Étienne.	CD 1.08, topografische Karte von D-A-CH, ggf. Fotos der TN	

In Partnerarbeit beraten die TN, welches Foto zu welcher Stadt auf der Skizze gehören könnte. Stimmen Sie dann im Kurs ab und halten Sie das Ergebnis fest. Danach hören die TN die Äußerungen so oft wie nötig und ergänzen, zusätzlich schreiben sie die Buchstaben der Fotos hinter die jeweilige Stadt. Anschließend Kontrolle.

Lösung: Rostock: Tach, A; Berlin: Guten Tag, D; Innsbruck: Grüß Gott, B; St. Gallen: Grüezi mitenand, C

Zeigen Sie die Orte auch auf einer topografischen Karte, damit die TN sehen, in welche Landschaften die Orte eingebettet sind.

Die TN erzählen, wo und wann sie schon einmal in den deutschsprachigen Ländern gewesen sind, was sie gemacht haben usw., und zeigen die Orte auf der Karte. Sie können auch Fotos mitbringen. Fragen Sie die TN nach ihren Erfahrungen mit Dialekten und/oder regionalen Unterschieden.

Moodle-Tipp: Forum „Wie begrüßt man sich in Ihrem Land / in Ihrer Region?": Die TN nehmen sich und die Grußformeln ihrer Region bzw. ihres Heimatlandes auf (MP3) und stellen die Datei ins Forum. Die anderen können Kommentare dazu schreiben. Beteiligen Sie sich ebenfalls an der Aktivität.

	FORM	ABLAUF	MATERIAL	ZEIT
3	PA, GA, EA, PL	a Die TN sehen sich das Bildlexikon an. In Partnerarbeit suchen sie aus dem Wörterbuch oder der Wortliste hinten im Buch die Pluralformen heraus und notieren sie im Buch. Wiederholen Sie ggf. an dieser Stelle die Pluralbildung bei Nomen. Um sich den Wortschatz einzuprägen, verbinden die TN je zwei Bilder, z.B.: *Die Katze und der Vogel passen zusammen, denn die Katze frisst gern Vögel.*	ggf. Wörterbuch, KV L3|3a	

Extra: Die TN spielen in Kleingruppen. Verteilen Sie die Kopiervorlage. Die TN schneiden die Dreiecke aus und mischen sie. Dann zieht jeder acht Dreiecke, ein Dreieck wird in der Mitte ausgelegt. Der älteste TN beginnt. Er muss ein passendes Kärtchen wie beim Domino anlegen, entweder die passende Pluralendung an ein Nomen oder ein passendes Nomen an die Pluralendung. Kann ein TN nicht anlegen, zieht er ein Dreieck. Geübte TN können um Punkte spielen. Für ein Dreieck, das an einer Seite angelegt wird, gibt es einen Punkt, passt das Dreieck an zwei Seiten, gibt es zwei Punkte, passt es gar an drei Ecken, gibt es drei Punkte. Da das Spiel viele Variationen bietet, können die TN es immer wieder, auch zur Wiederholung, spielen und es auch mit den Dreieck-Spielen aus *Menschen A1.1 Lehrerhandbuch*, Seite 131 und Seite 143, kombinieren.

Die TN sehen zu zweit die Fotos 1 bis 4 an und beschreiben sie mithilfe der Wörter aus dem Bildlexikon, dann überfliegen sie die Werbetexte und ordnen zu. Anschließend Kontrolle. Weisen Sie darauf hin, dass *Velo* das Schweizer Wort für *Fahrrad* ist.

Tipp: Damit die TN die Texte wirklich nur überfliegen, bitten Sie sie, nur so weit zu lesen, bis sie einen Hinweis auf das passende Foto finden. Lassen Sie sich bei der gemeinsamen Kontrolle das jeweilige Wort nennen, das bei der Entscheidung ausschlaggebend war.

Lösung: A1; B3; C2; D4

Weisen Sie die TN auf den Infokasten hin, mit *hell-* und *dunkel-* kann man Farben kombinieren.

EA, PL, PA	b Die TN lesen die Texte noch einmal intensiv und kreuzen die richtigen Aussagen an. Anschließend Kontrolle. *Lösung:* A 1, 2; B 3; C 6; D 7, 8 Schreiben Sie die Verben *entspannen, erholen, erfahren, anfangen, lehren, anstrengen, ausrüsten, liebhaben, vermieten* an die Tafel, klären Sie ggf. die Bedeutung. Die TN lesen die Texte noch einmal und unterstreichen, wie diese Wörter in den Texten vorkommen. Schreiben Sie die Wörter, die die TN nennen, hinter die Verben. Fragen Sie nach dem Artikel. entspannen: <u>die</u> Entspannung anfangen: <u>der</u> Anfänger lehren: <u>der</u> Lehrer … Erklären Sie, dass die Endung *-ung* aus Verben Nomen macht. Dabei fällt die Infinitivendung *-en* weg und wird durch *-ung* ersetzt. Diese Nomen sind immer feminin. Der Plural ist immer *-en*, also *die Erfahrung – die Erfahrungen*. Die Endung *-er* macht ebenfalls aus Verben Nomen, nämlich Personen, die tun, was das Verb bedeutet: Ein Lehrer ist eine Person, die lehrt. Plural und Singular sind gleich.	KV L3|3b

UNTERRICHTSPLAN LEKTION 3

Die feminine Variante kennen die TN schon von den Berufen: *die Lehrerin, -nen*. Weisen Sie die TN auch auf den Grammatikkasten im Buch hin. Im Prinzip sind Wortbildungen mit diesen beiden Endungen aus allen Verben denkbar, aber nicht jede existiert im aktiven Sprachgebrauch, eine „Trinkung" gibt es nicht, wohl aber den *Trinker*. Die TN suchen paarweise in den Texten weitere Verben und versuchen, passende Wörter zu bilden (z.B. in Text D: *genießen – der Genießer, übernachten – die Übernachtung*).

Extra: Verteilen Sie die Kopiervorlage. Die TN suchen die Verben im Rätsel und ordnen sie zu. Zusätzlich kann zu jedem Wort ein Beispielsatz notiert werden.

4	EA/ PA, PL	Die TN schlagen die Aktionsseite auf und lesen die Texte noch einmal. Lernungewohnte TN können auch zu zweit arbeiten. Von den zwanzig markierten Wörtern sind 15 falsch und sollen durch die Wörter im Kasten ersetzt werden. Lerngewohnte TN decken den Kasten mit einem Haftnotizzettel oder mit der Hand ab und lösen die Aufgabe frei. Kontrollieren Sie in diesem Fall die Lösungswörter der TN, ob diese sinngemäß passen. Anschließend Kontrolle.	ggf. Haftnotizzettel

Lösung: A: ~~schneller~~ anders, ~~Zeit~~ Luft, Wiesen ✓, ~~Hügel~~ Wälder ; B: ~~Ruhe~~ Erfahrung, Unterricht ✓, ~~Campingplätze~~ Gruppen, ~~leider~~ außerdem, ~~Fahrt~~ Mode; C: Ufer ✓, ~~Wanderung~~ Fahrt, Hügel ✓, ~~Großstädte~~ Dörfer, ~~Preis~~ Service; D: ~~Kultur~~ Landschaft, ~~Sehenswürdigkeiten~~ Tiere, ~~fährt~~ beginnt, endet ✓, ~~schön~~ direkt

Tipp: Die TN können den Text auch laut lesen oder – wenn dies im Kursraum nicht möglich ist – flüstern. Oft „hören" sie so besser, welches Wort nicht stimmt. Beim stillen Lesen liest man leichter über Fehler hinweg. Oft bemerken die TN mit dieser Methode auch (Grammatik-/Wortschatz-)Fehler in ihren eigenen Textproduktionen. Ermutigen Sie sie daher, eigene Texte laut zu lesen, um Fehler zu entdecken.

5	GA, PL	Wiederholung: Zur Vorbereitung auf die Aufgabe im Buch kopieren Sie für jeweils vier TN die Kopiervorlage auf DIN A3. Die Kopie liegt in der Mitte des Tisches, jeder TN sitzt an einer Seite der Kopie. Das Wort auf der Kopie zeigt an, zu welchem Thema die TN Stichwörter notieren sollen. Das Feld in der Mitte ist zunächst unwichtig. Geben Sie den TN zwei Minuten Zeit, Stichwörter zu ihrem Thema zu notieren. Dann wird die Kopie um 45 Grad gedreht, sodass jeder TN ein neues Thema erhält. Er liest die Stichwörter des ersten TN und ergänzt weitere, dazu haben die TN wieder zwei Minuten Zeit. Dann wird die Kopie ein weiteres Mal gedreht usw., bis jeder TN jedes Stichwort bearbeitet hat. Dann verständigen sich die TN darüber, ob alle alle Begriffe kennen, ggf. erklären sie sich die Begriffe gegenseitig oder schlagen im Wörterbuch nach. Wiederholen Sie einige Wendungen zum Thema Bildbeschreibung (*in der Mitte, vorne, hinten, im Vordergrund, im Hintergrund* ...). Diese werden in der Mitte der Kopie eingetragen.	KV L3|5, Malpapier, Stifte, ggf. Landschaftsbilder, Postkarten

Die TN schlagen die Aktionsseite auf. Sie arbeiten zu dritt. Zunächst zeichnen alle in der Gruppe eine Landschaft, möglichst so, dass die anderen sie nicht sehen können. Dann beschreibt einer seine Landschaft, die beiden anderen zeichnen nach dieser Beschreibung. Sammeln Sie alle Bilder ein und hängen Sie sie im Kursraum aus. Die Gruppen gehen herum und mutmaßen, welche Zeichnungen zusammengehören.

Variante für nicht so malfreudige Kurse: Hängen Sie im Kursraum Landschaftsbilder aus Kalendern, Zeitschriften, Katalogen auf. Die TN arbeiten ebenfalls in Kleingruppen. Einer beschreibt ein Bild, die beiden anderen raten, welches gemeint ist. Ggf. kann sich daran ein Gespräch anschließen, wohin die TN gern reisen würden. Alternativ oder zusätzlich schneiden Sie Bilder, Postkarten o.Ä. von Landschaften in mehrere Teile. Jeder TN erhält einen Teil. Die TN beschreiben ihre Teile und finden so die passenden Partner, um das Bild wieder zusammenzusetzen.

Moodle-Tipp: Die TN beschreiben im Glossar ihre Lieblingsorte (ein Platz, ein Dorf, ...) oder ihre Wohnorte. Was gibt es da? Sie laden auch ein Foto hoch.

6	EA	a Die TN überfliegen die Werbetexte noch einmal und machen sich Notizen zu allen Texten mithilfe der Fragen im Buch.	
	GA	b Wiederholung: Verteilen Sie zur Vorbereitung der folgenden Übung die Kopiervorlage. Hier üben die TN die Wendungen aus dem Kommunikationskasten und wiederholen Wunschsätze mit *würde*. Die TN erzählen in Kleingruppen, welche Reiseidee ihnen gefällt und welche Reise sie gern buchen würden.	KV L3|6b
7	PL, GA	a Schreiben Sie die Namen der vier Reiseveranstalter aus Aufgabe 3 mit genügend Zwischenraum an die Tafel. Die TN schreiben oder zeichnen Assoziationen zu diesen Namen an die Tafel. Sprechen Sie mit den TN über die Namen und was sie verraten, z.B. *Windkind*: junge Menschen, eine Sportart mit Wind usw.	
		Die TN entwickeln in Kleingruppen eine eigene Geschäftsidee zum Thema Reisen. Sie notieren fünf Dinge, die dabei wichtig sind, und suchen einen passenden Namen für die Firma. Wer Lust hat, kann auch überlegen, wie der Name grafisch gestaltet werden könnte.	
	PL	b Jede Kleingruppe schreibt ihren Firmennamen an die Tafel. Die anderen raten, was hier angeboten wird. Für jedes *Ja* erhält die fragende Gruppe einen Punkt.	
		Moodle-Tipps: Die TN suchen nach interessanten Firmennamen im Internet und stellen diese ins Forum. Die anderen TN kommentieren die Namen und raten, was für ein Produkt/Angebot sich hinter diesen Firmennamen verbirgt. Die TN schreiben außerdem einen Text über ihren letzten Urlaub und schicken diese über die Lernplattform an Sie. Korrigieren und kommentieren Sie die Texte.	

UNTERRICHTSPLAN MODUL-PLUS 1

Lesemagazin

	FORM	ABLAUF	MATERIAL	ZEIT
1	EA, PA/PL	Die TN überfliegen den Text und markieren die Person, die den Text geschrieben hat. Anschließend lesen sie noch einmal genauer und ergänzen die Informationen im Stammbaum. Anschließend Kontrolle in Partnerarbeit und/oder im Plenum. *Lösung:* Meral hat den Text geschrieben. Onkel Emre und Tante Leyla: haben ein Hotel, zwei Kinder; Opa Ahmet: Job bei BMW; Oma Pinar: Hausfrau, Oma und Opa: kümmern sich um den Haushalt von ihrer Tochter; Onkel Deniz: Friseur; Mama: Medizin studiert, Hautärztin; Papa: eigene Praxis (mit Mama); Mert: 7. Klasse; Meral: 18 Jahre alt, geht zur Schule, will Lehrerin werden; Murat und Kiraz: Zwillinge		
2	EA, GA	Die TN zeichnen einen Stammbaum ihrer eigenen Familie wie in 1. Sie ergänzen zu jedem Verwandten einige Informationen zu Alter, Beruf, Hobbys usw. Wer Lust hat, kann seinen Stammbaum mit Fotos schmücken. In diesem Fall empfiehlt sich die Aufgabe als Hausaufgabe. Anschließend erzählen die TN in Kleingruppen über ihre Familie. Variante: In Kursen mit überwiegend lerngewohnten TN kann auch ein einzelnes Familienfoto als Redeanlass ausreichend sein.	ggf. Familienfotos	

Film-Stationen

	FORM	ABLAUF	MATERIAL	ZEIT
1	PL	a Fragen Sie, was das Problem ist, und zeigen Sie den ersten Teil des Films (bis 1:08). *Lösung:* Der Mann kann den Schlüssel nicht finden. Zeigen Sie noch einmal die Kennenlernsituation oder den ganzen ersten Teil des Films. Die TN ergänzen unter den Fotos die Namen der Personen. Anschließend Kontrolle. *Lösung:* (von links nach rechts) Christian, Lena, Melanie, Max	Clip 1	
	PL	b Die TN äußern Vermutungen darüber, wie der Film weitergeht. Stellen Sie bei Bedarf einige Fragen: Was machen die Personen? Wie kommen Lena und Christian wieder ins Haus? Finden sie den Schlüssel? Was haben Melanie und Max dabei? Warum? Fragen Sie auch, wer von den TN schon einmal einen Schlüssel verloren hat. Wie hat er oder sie in dieser Situation reagiert?		
	PL, EA	c Zeigen Sie den Film nun ganz. Die TN lesen die Aussagen und korrigieren sie. Anschließend Kontrolle, dabei kann der Film noch einmal gezeigt und an den entsprechenden Stellen kurz angehalten werden. *Lösung:* 2 ~~Kollegen~~ – Nachbarn; 3 ~~der Schweiz~~ – Hamburg; 4 ~~Lena~~ – Christian; 5 ~~Melanie~~ – Max; 6 ~~Schrank~~ – Tisch	Clip 1	

	PL	d Die TN sehen einen Ausschnitt des Films und notieren die Einrichtungsgegenstände, die sie sehen. In Kursen mit lernungewohnten TN kann der Ausschnitt auch an den passenden Stellen unterbrochen werden, um den TN Zeit für ihre Notizen zu geben. Anschließend Kontrolle. *Lösung:* ein Sofa, Lampen, Bilder, einen Schrank, einen Esstisch, einen Wohnzimmertisch, ein (Fernseh-)Regal	Clip 1
2	EA, PL	a Erklären Sie anhand des Films den Begriff *Pech*: Lena hat Pech, weil sie die Vase herunterstößt und diese kaputtgeht. Die TN lesen und ordnen zu. Anschließend Kontrolle. *Lösung:* Mit Brot und Salz wünschen Nachbarn Glück im neuen Haus. Ein zerbrochener Spiegel bedeutet sieben Jahre Pech. Scherben bringen Glück. Landeskunde: In vielen Regionen bringt man zum Einzug Salz und Brot mit. Damit möchte man den Bewohnern Glück wünschen. Früher waren Salz und Brot mit die wichtigsten, aber auch teure Lebensmittel, die jeder haben sollte. Scherben waren ursprünglich irdene Gefäße, die zur Aufbewahrung von Lebensmitteln dienten, folglich hatte, wer viele solcher Gefäße besaß, viel zu essen. Er galt als reich und hatte Glück. Heute bezieht sich die Redensart auf zerbrochenes Glas = Scherben. Woher der Aberglaube kommt, dass ein zerbrochener Spiegel sieben Jahre Pech bringt, ist nicht sicher. Eine Hypothese besagt, dass Spiegel ursprünglich so teuer waren, dass man sieben Jahre auf einen neuen sparen musste. Eine andere Erklärung ist, dass mit dem Spiegel die Seele zerbrach, die sieben Jahre zur Erneuerung brauchte. Fragen Sie die TN nach ähnlichen Redensarten in ihrer Muttersprache. Glauben sie an so etwas?	
	EA, GA/ PL	b Die TN machen sich Notizen darüber, was ihnen Glück oder Pech bringt und ob sie einen Glücksbringer haben. Wenn ja, was für einen? Wann nehmen sie ihn mit? Oder haben sie ihn immer dabei? Anschließend berichten sie in Kleingruppen. Alternativ suchen die TN Gleichgesinnte, die ähnliche Glücksbringer haben, und schließen sich zu Gruppen zusammen, die dann im Plenum über ihre Glücksbringer berichten. Moodle-Tipp: Fragen Sie im Forum: *Was bedeutet für Sie Glück und Pech? Haben Sie Glücksbringer? Welche Symbole für Glück und Pech gibt es in Ihrer Kultur?* Die TN schreiben einen Beitrag über dieses Thema, soweit sprachlich möglich, und kommentieren mindestens zwei Beiträge.	

UNTERRICHTSPLAN MODUL-PLUS 1

Projekt Landeskunde

	FORM	ABLAUF	MATERIAL	ZEIT
1	PL, EA, PA	Die Bücher sind geschlossen. Fragen Sie die TN nach berühmten deutschen Familien sowie bekannten Familien aus ihrem Heimatland. Die TN erzählen kurz, warum diese Familien so berühmt sind. Anschließend lesen sie den Lexikonartikel über die Familie Mann und ergänzen die Tabelle. Ihre Ergebnisse vergleichen sie zunächst zu zweit, dann gemeinsame Kontrolle. Achten Sie darauf, dass die TN in vollständigen Sätzen über Heinrich und Thomas Mann sprechen (z.B. *Heinrich und Thomas Mann waren Schriftsteller von Beruf.*). Das bereitet auf Aufgabe 2 vor.		

Lösung:

	Heinrich Mann	Thomas Mann
Familie	Vater: Thomas Johann Heinrich Mann Mutter: Julia da Silva-Bruhns 1. Ehefrau: Maria Kanová 2. Ehefrau: Nelly Krüger Kinder: eine Tochter (Leonie)	Vater: Thomas Johann Heinrich Mann Mutter: Julia da Silva-Bruhns Ehefrau: Katia Pringsheim Kinder: 6, 3 auch Schriftsteller
Leben	1871 in Lübeck geboren 1893 Umzug nach München 1914 1. Heirat 1930 Scheidung und Umzug nach Berlin 1939 2. Heirat 1933–1940 Frankreich 1940 Emigration in die USA ins Exil stirbt 1950	1875 in Lübeck geboren 1893 Umzug nach München 1905 Heirat 1929 Nobelpreis für Literatur 1933–1938 Schweiz 1938 Emigration in die USA ab 1952 wieder in der Schweiz stirbt 1955
Beruf / Werke	Schriftsteller „Der Untertan"	Schriftsteller „Buddenbrooks", „Der Zauberberg", „Doktor Faustus"

	FORM	ABLAUF	MATERIAL	ZEIT
2	EA/ PA	a Die TN suchen sich eine Familie aus, über die bereits gesprochen wurde (vgl. Aufgabe 1), oder überlegen sich eine weitere bekannte Familie. Achten Sie darauf, dass die TN möglichst verschiedene Familien auswählen. Die TN recherchieren Informationen zu ihrer Familie im Internet und machen sich anhand der Tabelle in 1 Notizen. Lernungewohnte TN können auch zu zweit arbeiten.		

FORM	ABLAUF	MATERIAL	ZEIT
EA/ PA, PL	b Die TN bereiten im Kurs oder zu Hause den Kurzvortrag vor, indem sie ihren Text ggf. aufschreiben bzw. im Kopf üben. In den folgenden Unterrichtsstunden präsentieren sie „ihre" Familie im Kurs. Dabei sollten sie anhand ihrer Notizen möglichst frei sprechen. Verteilen Sie die Präsentation in großen Kursen auf mehrere Unterrichtstage, damit es nicht ermüdend für die Zuhörer wird. Moodle-Tipp: Die TN beschreiben mit den Redemitteln der Lektion eine berühmte Familie aus ihrer Stadt oder ihrem Land im Glossar. Sie laden ein Foto dieser Familie hoch.		

Ausklang

	FORM	ABLAUF	MATERIAL	ZEIT
1	PL, EA, PA	Präsentieren Sie das Bild (Folie/IWB) und erklären Sie damit neue Wörter (*der Besen, das Puppenhaus, die Spinne*), indem Sie die Wörter mit Artikel und Plural an den Bildrand schreiben. Erklären Sie, was ein Gartenzwerg ist und wo er üblicherweise steht. Die TN könnten auch Vermutungen äußern, wem in einer Familie was von den Kellergegenständen gehört. Welche alten Sachen bewahren sie selbst im Keller auf, weil sie sie noch brauchen oder nicht wegwerfen möchten? Die TN schlagen die Bücher auf und lesen mit, während sie das Lied hören. Danach lesen sie den Text noch einmal und notieren, welche Wörter zu den Orten passen. Dann vergleichen sie zu zweit. *Lösung:* (Vorschlag) Keller: alt, „Unterwelt", Regal; Garten: Himmel, Sonne, nicht allein	Bild auf Folie/ IWB, CD 1.09	
2	PL	Die TN hören das Lied noch einmal und singen mit. Wer nicht mitsingen möchte, wippt mit den Füßen den Takt mit oder summt mit. Alternativ oder nachdem sie das Lied mehrfach gehört haben, stellen sich die TN im Kreis auf und ahmen Ihre Bewegungen zum Lied nach. Das Vokabular eignet sich sehr gut, um durch Gesten dargestellt zu werden, z.B. dunkel = Augen mit den Händen bedecken, kalt = sich selbst umarmen und bibbern usw.	CD 1.09	

UNTERRICHTSPLAN LEKTION 4

FORM	ABLAUF	MATERIAL	ZEIT
1 EA, PL, GA	Wiederholung: Die TN notieren eine Minute lang Lebensmittel und Getränke. Zeichnen Sie währenddessen ein Strichmännchen, das den rechten Arm hebt, an die Tafel und schreiben Sie groß *der* darüber. Wenn Sie farbige Kreide/Stifte haben, können Sie den Arm auch in Blau zeichnen. Zeichnen Sie ein zweites Strichmännchen, das den linken, roten Arm hebt, für *die*. Eine dritte Zeichnung mit einem Männchen, das beide – grüne – Arme hebt, für *das*. Ein TN nennt ein Wort seiner Liste, die anderen heben entsprechend des Artikels den Arm / die Arme. Ein anderer TN sagt ein neues Wort usw. Wenn Sie den Plural dazunehmen möchten, stehen die TN für den Plural auf.	KV L4|1, CD 1.10	

Extra: Verteilen Sie die Kopiervorlage „Artikel-Dominos". Jeder TN trägt Lebensmittel ein. Achten Sie unbedingt darauf, dass die TN die Lebensmittel nicht zu den Artikeln passend, sondern willkürlich eintragen. Zeigen Sie dazu die drei Beispielkärtchen. In Kleingruppen mischen die TN ihre „Dominosteine" und spielen Domino, bis alle Kärtchen ausgespielt sind oder es keine Anlegemöglichkeit mehr gibt. Die Kopiervorlage kann nach Aufgabe 3 oder am Ende der Lektion (noch einmal) eingesetzt werden, um auch den Lernwortschatz der Lektion einzubinden.

Tipp: Das Artikel-Domino kann für viele Wortfelder eingesetzt werden. Als Variante bietet sich folgendes Vorgehen an: Die TN tragen als Hausaufgabe Wörter ein, deren Artikel sie sich schlecht merken können. In Kleingruppen mischen sie ihre „Dominosteine" und spielen gemeinsam. Wenn Sie farbige Kopien verteilen, können die TN ihre Kärtchen nach dem Spielen wieder auseinandersortieren und mit anderen TN mischen. So kann zwischendurch immer mal wieder gespielt werden, auch auf höheren Lernstufen. Auch kann das Domino durch neue Kärtchen immer wieder ergänzt und verändert werden. Dann sollten allerdings ein paar alte Kärtchen aussortiert werden, damit das Spiel nicht zu groß wird. Wenn Sie selbst vorab alle Kärtchen laminieren und ausschneiden (Sie brauchen dann aber so viele Versionen, wie Sie TN haben!), können die TN mit abwischbaren (Filz-)Stiften auf die Kärtchen schreiben und Sie können dieselben Kärtchen immer wieder und in verschiedenen Klassen benutzen.

Die TN sehen sich zunächst nur das Foto an und beschreiben die Situation: Wo ist Otto? Was tut er? Führen Sie ggf. *einen Einkaufswagen schieben* ein. Dann lesen die TN den Einkaufszettel. Klären Sie unbekannte Wörter mithilfe des Bildlexikons auf den folgenden Kursbuchseiten. Die TN hören das Hörbild. Sie spekulieren darüber, wer Otto ist (Alter, Familienstand, Beruf) und mit wem er zusammenwohnt, wer den Zettel geschrieben hat und für wen er einkauft. Für welche Mahlzeit(en) kauft er ein? Führen Sie ggf. den Begriff *Wohngemeinschaft (WG)* ein.

2	GA/ PL	In Kleingruppen (in kleineren Kursen auch im Plenum) sprechen die TN darüber, wie sie normalerweise einkaufen. Alternativ suchen sie möglichst viele TN, die ähnlich einkaufen wie sie selbst, und notieren die Namen. Wer findet die meisten?	Plakate
		Extra: Erhöhen Sie den Spaßfaktor, indem übliche Verhaltensweisen einmal umgedreht werden. In Kleingruppen schreiben die TN Plakate mit Einkaufstipps: *Sechs goldene Einkaufsregeln: Wie Sie viel und teuer einkaufen.* Die TN begründen ihre Regeln mit *denn*, z.B.: *Gehen Sie immer hungrig einkaufen. Denn dann legen Sie mehr in den Einkaufswagen.* Anschließend stellen die Gruppen ihre Regeln kurz im Plenum vor.	
		Moodle-Tipp: Legen Sie eine Forumsaufgabe an: *Wo kaufen Sie am liebsten ein? Was kaufen Sie wo?* Die TN vergleichen die Orte, wo man einkaufen kann (Markt, Supermarkt, Laden), und schreiben, was sie wo kaufen. Jeder TN kommentiert zwei Beiträge. Beteiligen Sie sich ebenfalls an der Aktivität und besprechen Sie häufig vorkommende Fehler im Präsenzunterricht.	
3	PL, PA, EA	Die TN sehen sich das Bildlexikon und die Verpackungen an. Erklären Sie *Quark*, der nicht in allen Ländern bekannt ist und nicht mit Joghurt oder Sahne verwechselt werden sollte. Bringen Sie alternativ einige Lebensmittel in Tüten, Dosen usw. als Realien mit in den Kurs und erläutern Sie.	Lebensmittel in verschiedenen Verpackungen, ggf. Wörterbuch, Supermarktprospekte
		Landeskunde: Quark ist ein recht wasserhaltiges Frischkäseprodukt, das aus gesäuerter Milch durch Abtrennung der Molke gewonnen wird. Er wird zum Backen oder frisch als Brotaufstrich, für Dips und Müsli verwendet.	
		Mithilfe der Wortliste im Buch oder des Wörterbuchs schreiben die TN in Partnerarbeit die Pluralformen der Verpackungen ins Buch. Danach notieren die Paare drei Minuten lang so viele Kombinationen wie möglich. In Kursen mit lerngewohnten TN nehmen Sie auch gleich *Kilo* bzw. *Gramm* und *Liter* dazu. Ergänzend können die TN Lebensmittel und Getränke ihrer Liste aus Aufgabe 1 notieren. Anschließend werden die Listen im Plenum verglichen.	
		Zur Vertiefung sprechen die TN darüber, was sie in welchen Mengen beim letzten Mal eingekauft haben, oder sie fragen sich, was sie gerade zu Hause haben: *Hast du Cola zu Hause? – Ja, drei Flaschen. Und du? …*	
		In Supermarktprospekten suchen die TN weitere Kombinationen oder fragen sich zur Wiederholung von Preisangaben nach den Preisen, z.B. *Was kostet eine Dose Pfirsiche? – Eine Dose Pfirsiche kostet 1,39 €.*	
		Extra: Die TN überlegen, wie viel sie in einem Monat von ihren Lebensmitteln und Getränken verbrauchen, und schreiben eine Liste (z.B. *ein Kilo Mehl, ein Glas Marmelade …*). Anschließend wird im Kurs ausgewertet, wer am meisten von einem Produkt und wer am wenigsten braucht.	
		Extra für Inlandskurse: Die TN bringen ihren letzten Kassenzettel mit in den Unterricht. Die Zettel werden gemischt und vorgelesen. Die TN raten, wer das eingekauft hat (auch möglich: in Gruppenarbeit über vier Kassenzettel spekulieren, dann im Kurs davon erzählen).	

UNTERRICHTSPLAN LEKTION 4

4	PL	a Die TN sehen sich noch einmal den Einkaufszettel in Aufgabe 1 an und überlegen, ob sie damit einkaufen könnten bzw. was für sie unklar ist. Dann lesen sie die Sätze. Erklären Sie bei Bedarf *Angaben, Mitbewohner, Essgewohnheiten*. Die TN hören das Gespräch so oft wie nötig und kreuzen an. Anschließend Kontrolle.	CD 1.11
		Lösung: richtig: 1, 4	
		Sprechen Sie mit den TN darüber, wie sie sich in der Situation verhalten hätten. Auch so wie Otto?	
	PL	b Die TN lesen die Liste. Erklären Sie unbekannten Wortschatz. Sammeln Sie mit den TN an der Tafel oder auf einem Plakat weitere Adjektive (Sie brauchen diese auch in Aufgabe 5.), die zu Lebensmitteln passen, z.B. *groß, klein, süß, rot, lecker* usw. Weisen Sie auch auf den Infokasten hin. Die TN hören die Gespräche so oft wie nötig und notieren die Mengen. Anschließend Kontrolle.	CD 1.11–13, ggf. Plakat
		Lösung: 1 Käse (weich) 200 g, Käse (hart) 200 g; 2 Vollmilch 2 Flaschen/Liter, Milch (fettarm) 2 Flaschen/Liter, Magermilch 2 Flaschen/Liter; 3 Schinken (roh) 250 g, Schinken (gekocht) 250 g, Knoblauchsalami 200 g	
5	EA, PL, GA	Die TN ergänzen die Endungen mithilfe des Grammatikkastens. Zur Kontrolle können sie noch einmal die Gespräche aus Aufgabe 4b hören. Anschließend Kontrolle.	ggf. CD 1.11–13, KV L4|5
		Lösung: (von oben nach unten) -en, -en, -e; -e; -en, -er, -er	
		Erklären Sie den TN, dass attributiv verwendete Adjektive eine Endung haben – im Gegensatz zur prädikativen Verwendung. Zeigen Sie anhand eines Tafelbildes die Adjektiv-Endungen. Beginnen Sie mit dem Nominativ.	

```
            Nominativ
der      ein roher Schinken
das      ein helles Brot
die      eine gute Frage
die (Pl.)  -   gute Fragen
```

Lassen Sie das Tafelbild für alle sichtbar stehen. Zeigen Sie auch die gesammelten Adjektive aus Aufgabe 4b (Tafel oder Plakat) gut sichtbar. Die TN gehen mit ihrem Buch herum, zeigen auf ein Lebensmittel aus dem Bildlexikon und fragen andere TN nach dem Lebensmittel auf dem Bild: *Was ist das?* Die anderen TN suchen sich ein passendes Adjektiv von der Liste und antworten: *Das ist eine rote Paprika*. Löschen Sie nach einer Weile das Grammatik-Schaubild von der Tafel.

Ergänzen Sie das Tafelbild um die Formen im Akkusativ. Die TN fragen sich zur Übung gegenseitig: *Was möchtest du zum Frühstück/Mittagessen/Abendessen?* Die TN antworten: *Ich möchte einen leckeren Pfirsich.*

Dafür kann die Kopiervorlage noch einmal genutzt werden. Achten Sie darauf, dass nur zählbare Produkte bzw. Pluralformen verwendet werden, oder geben Sie die zu verwendenden Produkte vor, da Adjektivformen mit Nullartikel noch nicht bekannt sind.

Danach erklären Sie auch den Dativ entsprechend. Die TN fragen – ggf. wiederum mithilfe der Bildkarten: *Was isst/trinkst du heute?* Die TN antworten: *Ich weiß noch nicht, auf jeden Fall etwas mit einer roten Paprika.*

Zum weiteren Einschleifen der Formen stehen die TN im Kreis und klatschen einen Rhythmus. Geben Sie einen Satz vor, indem Sie sich den Bauch reiben: *Mhm, das war aber ein leckerer Apfel.* Die TN wiederholen. *Aha, das war ein leckerer Apfel.* Geben Sie weitere Beispiele vor, nach einer Weile machen die TN eigene Beispiele. Für Akkusativ (Zeigegeste): *Oh, da sehe ich einen leckeren Apfel. – Aha, du siehst einen leckeren Apfel.* Für Dativ (die Hände formen eine Schüssel): *Heute mache ich Salat mit einem leckeren Apfel. – Aha, sie macht Salat mit einem leckeren Apfel.*

Extra 1: Verwenden Sie die Kopiervorlage noch einmal. Die TN arbeiten in Kleingruppen. Die Kärtchen werden gemischt und verdeckt auf dem Tisch ausgelegt. Ein TN zieht zwei Kärtchen und erzählt, was er mit diesen beiden Lebensmitteln macht, z.B. Käse und Banane: *Zuerst esse ich einen leckeren Käse und später eine süße Banane.* Oder: *Einen milden Käse esse ich gern, aber ich mag keine braunen Bananen.* Oder: *Ich mache einen leckeren Käsesalat mit einer süßen Banane.* Geben Sie ruhig viele Beispiele, damit die TN nicht immer nur Sätze mit *essen* und *trinken* bilden. Geübte TN ziehen drei Kärtchen.

Extra 2: Die TN schreiben in Kleingruppen Unsinnstexte. Jeder TN schreibt drei Nomen und drei Adjektive auf kleine Zettel, für jedes Wort einen Zettel. Alle Zettel mit Adjektiven und alle Zettel mit Nomen liegen zusammen, sodass alle sie lesen können. Ein TN beginnt mit der Erzählung: *Ein weißer Hund geht in ein blaues Zimmer.* Er darf die benutzten Nomen und Adjektive wegnehmen. Ein anderer TN erzählt weiter. Natürlich darf der Hund, auch wenn er nicht mehr ausliegt, weiter genannt werden. Die Geschichte endet, wenn kein Zettel mehr auf dem Tisch liegt.

Extra 3: Alle Namen der TN werden auf Zettel geschrieben. Jedem TN wird ein Zettel auf die Stirn oder den Rücken geklebt, sodass er selbst den Namen nicht lesen kann. Dann setzen sich die TN in Kleingruppen zusammen. Durch Ja-/Nein-Fragen muss jeder herausfinden, welche Person aus dem Kurs er darstellt. *Trage ich einen roten Pullover? Habe ich kurze Haare?* usw. Wiederholen Sie dazu ggf. das Wortfeld Kleidung, dazu kann das Artikel-Domino aus Aufgabe 1 genutzt werden.

Moodle-Tipp: Die TN erstellen im Wiki eine gemeinsame Einkaufsliste für eine Kursparty. Regen Sie an, Adjektive zu benutzen (z.B. eine große Tüte Chips).

UNTERRICHTSPLAN LEKTION 4

Tipp: Verteilen Sie die Übungsvorschläge auf mehrere Tage und greifen Sie sie später wieder auf, denn nur häufiges Üben bringt Erfolg. Auch Automatisierungsübungen sollten immer wieder eingesetzt werden, damit sich den TN das „Hörbild" einprägt.

6	PL/ GA, PA	Die TN stehen im Kreis und machen nach dem Muster im Buch die Kettenübung, indem jeder TN die vorher genannten Gegenstände wiederholt und einen neuen Gegenstand ergänzt. Damit die TN sich ganz auf die Endungen konzentrieren können, schreiben Sie während der Übung das vom TN genannte Nomen und das Adjektiv auf einen Zettel und geben ihn dem TN. Die TN heben ihren Zettel hoch, sodass TN, die noch nicht dran waren, ablesen können. Lerngewohnte TN und große Kurse können die Übung auch in Gruppenarbeit machen.	kleine Zettel

Extra: Die TN holen zwei oder drei Gegenstände aus ihrer Tasche. Sie finden sich paarweise zusammen. Der eine zeigt auf einen der Gegenstände des anderen. Dieser soll etwas über diesen Gegenstand erzählen und dabei möglichst viele Adjektive benutzen, z.B. *Das ist ein altes Handy mit einem kaputten Akku. Ich habe es von einer guten Freundin bekommen und liebe es sehr.* Dann wählt er seinerseits einen Gegenstand. Nach dem Gespräch bilden sich neue Paare. Alternativ oder zusätzlich schreiben die TN kurze Infotexte über ihre Gegenstände, die ohne Adjektivendungen als Lückentexte an andere TN ausgeteilt werden.

7	EA, PL, PA	a Die TN lesen die Aussagen und notieren, wer das sagt, Kunde oder Verkäufer. Verteilen Sie hierzu ggf. die Kopiervorlage. Ggf. können sie noch einmal ein Einkaufsgespräch hören. Anschließend gemeinsame Kontrolle.	ggf. CD 1.13 (Transkription auf Folie/ IWB), KV L4|7a

Lösung: (von oben nach unten) V, V, K, V, K, V, V

Die TN hören das Gespräch noch einmal und nummerieren, in welcher Reihenfolge sie die Sätze hören. Zeigen Sie das Gespräch auf Folie/IWB und nummerieren Sie entsprechend (1 *Was darf ...*; 2 *Ich hätte ...*; 3 *Soll es ...*; 4 *Hier, ...*; 5 *Dann ...*). Für haptische TN kann die Kopiervorlage genutzt werden. Die TN legen die Sätze in die passende Reihenfolge. Drei Sätze kommen im Gespräch nicht vor. Fragen Sie die TN, womit diese drei synonym sind (mit 3: *Möchten Sie ...* und *Meinen Sie ...*, mit 2: *Ich nehme ...*).

Die TN schreiben zu zweit mithilfe des Beispiels im Buch einen Einkaufsdialog, um ein Muster in der richtigen Reihenfolge zu haben. Außerdem dient dies als Vorbereitung für Aufgabe b. Geben Sie bei lernungewohnten TN Lebensmittel und Adjektive vor. Die TN tragen einige Beispielgespräche im Plenum vor.

	EA, PL, PA	b Die TN schlagen die Aktionsseiten auf und ergänzen zunächst die Redemittel in Aufgabe a. Anschließend Kontrolle. Erklären Sie, dass es sich nach dem Schrägstrich um alternative Formulierungen handelt, unter denen die TN frei auswählen können und sollen. *Lösung:* (von oben nach unten) Kann ich Ihnen helfen? Ich brauche …; Wie viel darf es sein? Möchten Sie sonst noch etwas? Die TN machen zu zweit Rollenspiele mithilfe des Dialoggerüsts und der Rollenkarten. Damit die TN sich auf ihre jeweilige Rolle konzentrieren können, sollten Sie die Rollenkärtchen ggf. als Kärtchen präsentieren und an die Paare sukzessive austeilen. Dann kommt es nicht zu Irritationen, weil ein TN sich gerade im Obstladen wähnt, der andere aber sich ebenfalls für den Verkäufer hält und im Wurstgeschäft ist. Lernungewohnte TN schreiben das Gespräch zuerst auf, bevor sie es sprechen. Die TN tragen einige Beispiele vor. *Tipp:* Zeigen Sie Dialoggerüste auf Folie/IWB oder schreiben Sie sie an die Tafel. Die TN schließen die Bücher, sodass sie die Folie/Tafel für ihr Gespräch nutzen müssen. Decken Sie nach und nach einzelne Wörter ab oder löschen Sie sie, damit die TN mehr und mehr selbstständig sprechen müssen.	Rollenkärtchen (einzeln präsentiert)
8	PL	a Die TN sehen sich das Foto an und beschreiben, soweit sprachlich möglich, die Situation. Es sollte für alle deutlich werden, dass es sich um eine WG-Situation handelt. Dann lesen die TN die Aussagen, hören das Gespräch so oft wie nötig und korrigieren. Anschließend Kontrolle. *Lösung:* 1 ~~29,10~~ 87,30; 2 ~~wenig~~ viel; 3 ~~fettarme Milch~~ Vollmilch; 4 ~~Tagen~~ Stunden Diskutieren Sie mit den TN darüber, ob Otto noch mit den anderen frühstückt oder nicht. Wie finden sie Ottos Verhalten und das der beiden anderen? Wie würden sie selbst sich verhalten? Weisen Sie die TN auf Beispiel fünf hin: *keine guten Nerven*. Entwickeln Sie noch einmal eine Endungstabelle wie in Aufgabe 5 an der Tafel und tragen Sie auch den Negativartikel ein. Weisen Sie die TN darauf hin, dass die Adjektiv-Endungen im Singular analog zu den Formen nach indefinitem Artikel sind, im Plural ist die Endung hingegen immer *-en*. Dies gilt auch für Adjektive nach Possessivartikeln (*meine guten Nerven*). Wenn Sie Adjektive mit Negativ- und Possessivartikeln einschleifen möchten, spielen Sie noch einmal das Rhythmusspiel aus Aufgabe 5. Wählen Sie Dinge aus dem Alltag, z.B. *Ich fahre mit meinem neuen Auto.* Die TN antworten: *Aha, er/sie fährt mit seinem/ihrem neuen Auto.* Geben Sie einige Sätze vor, dann gibt ein TN einen Satz vor. Für den Akkusativ: *Seht mal, ich habe ein neues Auto. – Wie schade, wir haben kein neues Auto.* Auch möglich: *Wie schade, wir haben keine neuen Autos.* Unterstützen Sie die Sätze mit entsprechenden Gesten (z.B. Zeigen, Schulterzucken).	CD 1.14, KV L4|8a

UNTERRICHTSPLAN LEKTION 4

Extra: Spielen Sie mit den TN „Partnersuche". Bereiten Sie zu Hause die Kopiervorlage vor, indem Sie die Kärtchen auseinanderschneiden. Jeder TN erhält einen halben Satz und muss die Person mit der passenden anderen Hälfte finden. Zur Kontrolle lesen anschließend die Paare ihren Satz vor. Diese Satzkarten können Sie immer mal wieder benutzen, z.B. als Aufwärmübung am Anfang einer Kursstunde, oder mit anderen Sätzen, die Sie selbst schreiben, mischen. Wenn die TN das Prinzip verstanden haben, kann auch ein Team bestimmt werden, das Sätze für den nächsten Unterrichtstag vorbereitet. Dazu können Sie Themen oder Nomen und Adjektive vorgeben. Das ist eine gute Übung für die TN, motiviert sie und ist eine Arbeitserleichterung für Sie. Sammeln Sie die Sätze ein, dann können Sie sie auch in anderen Kursen oder später noch einmal verwenden bzw. mit anderen mischen.

PL, EA b Die TN überlegen, ob sie schon einmal das Falsche gekauft haben, und erzählen ihre Geschichten im Plenum.

Als freiwillige Hausaufgabe können TN, denen so etwas schon passiert ist, ihre Geschichte aufschreiben.

Moodle-Tipp: Die TN stellen ihre Geschichten auf die Lernplattform. Korrigieren Sie die Texte.

9 PL, PA a Sprechen Sie mit den TN über das Frühstücken. Bei TN aus verschiedenen Herkunftsländern berichten die TN, was man dort zum Frühstück isst und trinkt. Sprechen Sie auch über ein typisches Frühstück in Deutschland.

Die TN arbeiten zu zweit. Jeder der Partner markiert, was er für die Partnerin / den Partner bestellen würde, was er vermutet, dass sie/er gern isst und trinkt.

PA b Die Partner sprechen nach dem Muster im Buch über ihre Vermutungen. In Kursen mit überwiegend lerngewohnten TN können Sie die Frühstückskarte auch auf Folie/IWB zeigen und die TN sprechen zu zweit über ihre Bestellung, ohne vorher zu markieren. Nach einiger Zeit wechseln die Partner.

Bringen Sie ergänzend Speisekarten einer Pizzeria, einer Imbissbude, einer Weinstube usw. mit oder bitten Sie die TN darum. Viele Restaurants stellen ihre Speisekarten auf ihre Homepage, sodass Anregungen vorhanden sind. Die TN spielen weitere Gespräche.

ggf. Frühstückskarte (Folie/IWB), Speisekarten

	FORM	ABLAUF	MATERIAL	ZEIT
1	EA, GA/ PL	Wiederholung: Verteilen Sie die Kopiervorlage. Die TN lösen das Kreuzworträtsel zum Wortfeld *Stadt*. TN, die schon fertig sind, schreiben die Artikel zu den Lösungswörtern. Besprechen Sie am Ende die Artikel im Plenum, da sie in der Lektion wichtig sind. Die TN notieren, was sie an einer fremden Stadt besonders interessiert, und berichten darüber in Kleingruppen. Alternativ suchen sie andere TN, die die gleichen Interessen haben, indem sie umhergehen und mit wechselnden Partnern sprechen. TN, die gleiche Interessen feststellen, bleiben zusammen und suchen weitere TN. Sprechen Sie abschließend im Kurs darüber, ob und wo die TN Informationen zu einer Stadt suchen. Beziehen Sie weitere Fragen mit ein: Wie bereiten sich die TN auf eine Städtereise vor (Hotel vorher buchen oder einfach losfahren, Stadtplan vorher besorgen oder nicht usw.)? Welche Stadt möchten die TN in nächster Zeit besuchen? Warum?	KV L5|1	
2	PL	Sprechen Sie über Köln und sammeln Sie das Vorwissen der TN: Was wissen sie über diese Stadt? Was gibt es dort zu sehen? Moodle-Tipp: Alternativ oder zusätzlich recherchieren die TN touristische Informationen über Köln und stellen sie ins Wiki. Die TN sehen sich das Foto an. Es sind drei Generationen zu sehen. Die TN spekulieren darüber, wer was machen möchte. Danach lesen sie die Sätze im Buch und notieren mit Bleistift ihren Lösungsvorschlag. Erklären Sie mithilfe des Bildlexikons *Führung, Reiseführer, besichtigen*. Die TN hören das Gespräch und korrigieren ggf. ihre Lösung. Anschließend Kontrolle. Stellen Sie weitere Fragen zu dem Gespräch, z.B. *Was möchte die Tochter lieber machen?* usw. *Lösung:* a Tochter; b Mutter; c Oma Landeskunde: Das sogenannte Richter-Fenster ist 2007 eingeweiht worden. Entworfen hat es der 1932 geborene Maler, Bildhauer und Fotograf Gerhard Richter. Das ursprüngliche Fenster der Kirche war im Zweiten Weltkrieg zerstört und 1948 durch ein Fenster mit blassen Farben ersetzt worden. Da es nun renovierungsbedürftig war und die Sonne durch das Fenster blendete, beschloss man, ein neues einzusetzen. Gerhard Richter entwarf das neue Fenster ohne Honorar. Das Fenster ist 113 m² groß und besteht aus 11.500 Glasquadraten in 72 verschiedenen Farben. Da das Fenster kein klassisches christliches Motiv zeigt, sondern abstrakt ist, ist es umstritten. Fragen Sie die TN, ob sie gern die Dom-Führung mitmachen würden. Warum (nicht)? Sprechen Sie ggf. auch über das Verhalten der Tochter.	CD 1.15	

UNTERRICHTSPLAN LEKTION 5

3 PA, PL, GA

Die TN sehen sich das Bildlexikon an und schreiben zu zweit zu fünf Wörtern Beispielsätze. Dabei geben sie nur die ersten oder letzten Buchstaben an. Die TN tauschen mit einem anderen Paar die Sätze und füllen die Lücken aus, möglichst, ohne ins Bildlexikon zu sehen. Alternativ sammeln Sie alle Zettel ein und kopieren die Sätze, sodass alle Paare alle Sätze ergänzen. Anschließend Kontrolle mit dem Paar, das die Sätze geschrieben hat, oder im Plenum.

Zusätzlich sprechen die TN in Kleingruppen oder im Plenum darüber, was sie in einer fremden Stadt gern machen, wie sie sich auf eine Reise vorbereiten, was sie mitnehmen. In heterogenen Kursen können sie auch über die Trinkgeld-Regeln in ihren Ländern berichten.

Landeskunde: In Österreich und Deutschland ist es üblich, in Restaurants, Kneipen, Cafés etwa 5 bis 10 Prozent Trinkgeld zu geben. Es ist freiwillig und kann, wenn der Service nicht zufriedenstellend war, auch geringer ausfallen oder gar nicht gegeben werden. In der Schweiz ist Trinkgeld eher unüblich, da das Gedeck meist im Rechnungsbetrag enthalten ist.

4 EA, PL

a Die TN überfliegen die Texte, möglicherweise sogar nur Anrede und Gruß, und ordnen zu, wer was an wen schreibt. Anschließend Kontrolle.

Lösung: Die Mutter schreibt eine Postkarte an ihren Mann. Die Tochter schreibt eine Facebook-Nachricht an ihre Freundin.

EA, PL, PA

b Die TN lesen die Texte nun genauer und kreuzen an. Anschließend Kontrolle.

KV L5|4b

Lösung: 1 richtig; 2 falsch; 3 falsch

Die TN schreiben sechs eigene Aussagen wie im Buch zu den Texten. Sie tauschen ihre Sätze mit einer Partnerin / einem Partner. Sie/Er kreuzt an, ob richtig oder falsch. Im Anschluss vergleichen die Partner ihre Lösungen zusammen. Alternativ formulieren die TN Fragen zum Text und tauschen diese aus.

Lesen Sie zusätzlich die Texte aus dem Buch vor. Die TN haben die Bücher geschlossen. Machen Sie vor Schlüsselwörtern eine Pause. Die TN erraten das Schlüsselwort, indem sie es entweder sagen oder aufschreiben. Anschließend Vergleich. Diese Übung ist auch als Wiederholung am nächsten Kurstag geeignet.

Extra: Verteilen Sie die Kopiervorlage. Die TN können alle drei Texte bearbeiten oder nach Leistung und/oder Interesse einen Text auswählen. In Text A werden die Adjektiv-Endungen prädikativ und nach indefinitem Artikel wiederholt, in Text B müssen passende Verben ergänzt werden (hier kann es mehrere Lösungen geben, ermutigen Sie die TN zu eigenständigen Vorschlägen). In Text C sind einige Nomen vertauscht, die TN sollen die falschen finden und ersetzen. Lernungewohnte TN können die Texte auch in Partnerarbeit bearbeiten.

5	EA, PL, GA	a Die TN lesen die Texte noch einmal und unterstreichen alle Adjektive nach definitem Artikel. Mithilfe der Unterstreichungen ergänzen sie die Tabelle. Anschließend Kontrolle.	Grammatikplakat, beliebige Gegenstände der TN

Lösung: das bunte; den alten; die neue; dem netten

Erklären Sie, dass die Adjektiv-Endung nach definitem Artikel *-e* (Nominativ sowie Akkusativ feminin und neutral) bzw. *-en* (alle anderen Formen) ist. Als Merkhilfe sollten Sie diese Endungen auf einem Plakat im Kursraum aufhängen.

	m	n	f	Pl.
N	-e	-e	-e	-en
A	-en	-e	-e	-en
D	-en	-en	-en	-en

Die TN suchen in den Texten nach weiteren Beispielen (z.B. *im schönen Köln*) und sagen, wo sie in der Tabelle passen.

Stellen Sie einen Tisch in die Mitte. Auf den Tisch legen Sie mehrere Gegenstände der TN, z.B. Handy, Tasche, Kugelschreiber, Geldbörse usw. Die TN stehen im Kreis um den Tisch herum und klatschen einen Rhythmus. Halten Sie einen Gegenstand vom Tisch hoch und rufen Sie: *Schaut mal, das tolle Handy hier gehört Linda.* Die TN antworten: *Ui, das tolle Handy ist von Linda / Lindas / gehört Linda.* Fahren Sie mit den anderen Gegenständen fort. Nach einer Weile übernehmen die TN Ihre Rolle. (Für den Akkusativ mit Zeigegeste: *Ich mag das schwarze Handy. – Wir mögen das schwarze Handy auch.* Für den Dativ: *Das ist Linda mit dem schwarzen Handy. – Aha, das ist Linda mit dem schwarzen Handy.*)

Extra: In Kleingruppen schreiben die TN einen Text über die Tage von Jutta, Charlotte und Melanie in Köln: Was haben sie gesehen? Was haben sie gemacht? Dabei benutzen sie so viele Adjektive wie möglich. Zur Anregung können Sie einige Adjektive vorgeben, z.B. *lang, kurz, alt, modern* usw. Achten Sie darauf, keine Adjektive zum Wetter zu notieren, denn diese werden in der Regel mit Nomen ohne Artikel gebraucht (*sonniges Wetter*). Diese Form kennen die TN noch nicht. Die Gruppe, die die meisten Adjektive in ihrem Text hat, liest zuerst vor, und zwar so, dass die Adjektiv-Endungen weggelassen werden. Die anderen TN ergänzen diese reihum. Wer gerade nicht an der Reihe ist, hört zu und kontrolliert. Ist die Endung falsch, klopfen die TN und korrigieren. Alternativ oder zusätzlich können Sie die Texte einsammeln und als Lückentexte für die nächsten Stunden verteilen.

UNTERRICHTSPLAN LEKTION 5

	EA, PA, PL	b Die TN stellen sich vor, sie seien als Tourist in Köln. Sie notieren ihre Interessen mit dem Adjektiv in der richtigen Form. Ggf. können die TN vorab als Hausaufgabe im Internet recherchieren, was es in Köln noch zu sehen gibt. Wenn dafür keine Zeit ist, bringen Sie Bilder von weiteren Sehenswürdigkeiten mit. Anschließend sprechen die TN mit wechselnden Partnern über ihre Interessen. Weisen Sie lerngewohnte TN auch auf weitere mögliche Redemittel hin: *Ich würde gern ... besichtigen. / Ich möchte ... sehen. / Der/Das/Die ... interessiert mich besonders.* usw.	Fotos von Kölner Sehenswürdigkeiten, ggf. Fotos von Sehenswürdigkeiten anderer Städte
		Extra: Die TN machen sich Notizen zu einer Stadt, die sie schon besucht haben oder gern einmal besuchen würden, und berichten darüber. Das kann auch in Form eines kleinen Referates sein, das die TN zu Hause vorbereiten und dann vortragen. Wenn die Möglichkeit besteht, zeigen sie dabei Fotos von den Sehenswürdigkeiten (IWB/Beamer).	
		Moodle-Tipp: Die TN können diese Extra-Übung auch als Datei auf die Lernplattform hochladen. Sie sehen sich die Arbeiten der anderen an und kommentieren die Texte und Fotos.	
6	GA	Die TN arbeiten in Kleingruppen. Jede Kleingruppe erhält 20 Blanko-Kärtchen. Die TN erstellen Quartettkarten nach dem Muster im Buch. Alternativ erhält jede Kleingruppe ein Set der Kopiervorlage. Anschließend spielen sie mit ihren Kärtchen Quartett, indem sie sich nach dem Muster im Buch befragen. Wer ein komplettes Quartett hat, legt es vor sich ab. Gewonnen hat, wer die meisten Quartette sammeln konnte.	Blanko-Kärtchen, KV L5|6, Würfel
		Die TN spielen eine zweite Runde und fragen: *Hast du die Karte mit dem schönen Rathaus?*	
		Extra 1: Die TN legen in Kleingruppen die Quartettkarten gemischt und verdeckt aus. Der erste TN deckt eine Karte auf, z.B. das alte Museum. Er macht einen beliebigen Satz über das alte Museum, z.B. *In den letzten Ferien habe ich das alte Museum in Florenz besucht.* Oder: *Kennst du das alte Museum in Florenz?* Dann zieht der nächste TN usw.	
		Extra 2: Die Kleingruppen erhalten weitere fünf Karten und schreiben auf jede Karte eine Sehenswürdigkeit in der Stadt mit einem Adjektiv wie auf den anderen Karten auch. Es müssen keine Quartette mehr sein, sondern fünf verschiedene Sehenswürdigkeiten. Lerngewohnte TN können auf die Sehenswürdigkeiten aus Aufgabe 5b zurückgreifen. Alle Karten, die neuen und die Quartettkarten, werden gemischt und in fünf Fünferreihen verdeckt auf den Tisch gelegt. Die TN erhalten zwei Würfel. Ein TN würfelt und deckt zwei Kärtchen auf. Würfelt er eine Zwei und eine Fünf, deckt er ein beliebiges Kärtchen in der zweiten und eins in der fünften Reihe auf. Schreiben Sie die beiden Satzanfänge an die Tafel: *Heute gehe ich in ...,* und *Gestern war ich in ...* Die TN wählen einen Satzanfang aus und bilden einen Satz mit den beiden Sehenswürdigkeiten. Lerngewohnte TN können weitere Kärtchen erstellen und das Spiel auf sechs Reihen vergrößern.	

7	GA	a Die TN arbeiten zu viert und sammeln zunächst, was der eigene Wohnort oder die nähere Umgebung bietet. Was zeigen sie einem Besuch? Lerngewohnte TN begründen auch, warum sie dem Besuch etwas Bestimmtes zeigen wollen. Wenn TN befinden, dass ihr Wohnort bzw. die nähere Umgebung nicht interessant genug ist, können sie alternativ eine andere Stadt wählen, die sie kennen und mögen.	
	PL, GA	b Die Bücher sind geschlossen. Schreiben Sie die Sätze aus dem Kommunikationskasten auf große Haftnotizzettel und verteilen Sie die Sätze an die TN. Schreiben Sie eine Tabelle an die Tafel: *Etwas planen* *vorschlagen* | *zustimmen* ☺ | *ablehnen* ☹ Die TN kleben die Sätze in die passende Spalte der Tabelle. Fragen Sie nach weiteren ihnen bekannten Wendungen und tragen Sie sie ebenfalls in die Tabelle ein. Eine gute Übung ist es, wenn die TN diese Tabelle nun in ihr Heft übertragen. Zwar nimmt das einige Zeit in Anspruch, es macht die TN aber mit den Wendungen, die sie im Weiteren benutzen sollen, vertrauter. Dann planen die TN in den Kleingruppen das Wochenende und machen sich Notizen.	Haftnotizzettel
	PL	c Erinnern Sie die TN an die Temporaladverbien aus Lektion 1, Aufgabe 7, die sie zur zeitlichen Gliederung benutzen können. Die Kleingruppen präsentieren ihr Wochenende im Plenum. Achten Sie darauf, dass die TN sich im Vortrag abwechseln. Zusätzlich können Sie über die zehn beliebtesten Sehenswürdigkeiten der Stadt im Kurs abstimmen lassen. Als Hausaufgabe können die TN einen Text schreiben, in dem sie sich vorstellen, dass sie am letzten Wochenende alle zehn Sehenswürdigkeiten besucht hätten. Moodle-Tipp: Bei Zeitdruck kann diese Aufgabe auf der Lernplattform gemacht werden. Legen Sie eine „Text mit Korrektur"-Aktivität an. Die TN schreiben ihre Texte, sie werden automatisch korrigiert. Kommentieren Sie anschließend häufige Fehler.	

UNTERRICHTSPLAN LEKTION 5

8 EA, PA

Die TN schreiben eine Postkarte oder eine E-Mail mit Vorschlägen zum Wochenende. Dazu verwenden sie ihre Planung aus Aufgabe 7. Lernungewohnte TN können die Satzanfänge-Postkarte im Buch und die Formulierungen aus dem Schüttelkasten zu Hilfe nehmen. Lerngewohnte TN versuchen, ihre Karte/E-Mail ohne Buch zu schreiben.

Die TN tauschen ihre Postkarten/E-Mails aus und schreiben eine Antwort.

Extra: Die TN stellen sich vor, dass sie nun in der Stadt sind, sie schreiben Grüße nach Hause. Zu zweit korrigieren die TN anschließend ihre Texte. Verteilen Sie dann Postkarten, auf die die TN ihren Text noch einmal sauber abschreiben. Wer seinen Text von Ihnen korrigiert haben möchte, schickt die Postkarte an Sie an die Adresse der Schule. Authentizität motiviert.

Moodle-Tipp: Stellen Sie diese Fragen im Forum: *Was machen Sie gern, wenn Sie in einer fremden Stadt Urlaub machen? Was wollen Sie unbedingt sehen oder machen?* Die TN schreiben ihren Beitrag und kommentieren zwei andere Beiträge. Schreiben Sie einen Abschlusskommentar.

	FORM	ABLAUF	MATERIAL	ZEIT
1	EA, PL	Die TN sehen sich das Foto an und notieren drei Minuten lang alle Assoziationen, die ihnen einfallen. Ein TN liest seine Begriffe vor, die anderen hören zu und streichen die Begriffe, die sie auch haben. Weitere TN lesen ihre verbleibenden Begriffe vor. Wer hat am Schluss die meisten Begriffe, die die anderen nicht haben? Ein Begriff, der scheinbar nicht passt, wird von demjenigen, der diesen genannt hat, erklärt.		
		Alternativ legen Sie im Kursraum Ecken für maskulin, feminin, neutral fest. Die TN stehen in der Mitte des Raumes. Einige TN lesen ihre Begriffe vor, die anderen laufen, sobald sie ein Nomen hören, in die entsprechende Artikel-Ecke. Damit erhöhen Sie die Aufmerksamkeit der TN, denn sie müssen sehr genau zuhören und auch selbst aktiv werden.		
2	PL, EA	Klären Sie die drei Begriffe und fragen Sie die TN, was sie sich unter diesen Festen vorstellen. Die TN hören das Hörbild und kreuzen an, was für ein Fest es ihrer Meinung nach ist. Anschließend Diskussion, die TN begründen ihre Meinung.	CD 1.16	
		Lösung: ein Mittelalterfest		
		Sprechen Sie mit den TN darüber, ob sie schon einmal ein Theaterfestival, Karnevals- oder Mittelalterfest besucht haben. Welches Fest würde die TN interessieren?		
		Wiederholung: Die TN überlegen, welches das letzte Fest oder Festival war, das sie besucht haben. Sie machen sich dazu Notizen. Dabei versuchen sie, zur besseren Beschreibung möglichst viele Adjektive zu benutzen, z.B. *Es gab bunte/tolle Kostüme. / Die laute Musik hat mir nicht gefallen.* Geben Sie einige Beispiele vor: *die gute/tolle/klassische Musik, der leckere Kuchen, einen teuren Kaffee getrunken* usw. Im Plenum erzählen einige TN. Sagen Sie den TN vorher, dass Sie besonders auf die Adjektiv-Endungen achten werden. Versuchen Sie dann, die Korrektur in das Kursgespräch zu integrieren, indem Sie die Äußerung des TN mit der richtigen Endung als Echo an ihn zurückgeben, z.B.: *Auf dem Fest habe ich eine schöne T-Shirt vom FC Bayern gekauft. – Ah! Du hast ein schönes T-Shirt vom FC Bayern gekauft.*		
3	PA, PL, EA	a Die Bücher sind geschlossen. Schreiben Sie zur Vorentlastung des anschließenden Lesens die Namen der vier Feste aus den Leserbeiträgen an die Tafel. Zeigen Sie das Bildlexikon auf Folie/IWB. Die TN notieren zu zweit, was daraus zu welchem Fest passen könnte. Anschließend Gespräch im Plenum darüber. Lassen Sie die TN auch darüber spekulieren, um was für ein Fest es sich jeweils handeln könnte.	Bildlexikon (Folie/IWB)	
		Danach überfliegen die TN die Leserbeiträge im Buch und überlegen, zu welcher Veranstaltung das Foto auf der Einstiegsseite passt. Anschließend Kontrolle.		
		Lösung: D		

UNTERRICHTSPLAN LEKTION 6

EA (PA), PL

b Die TN lesen die Texte noch einmal und notieren allein oder zu zweit Stichwörter zu den Fragen im Buch. Anschließend Kontrolle.

Lösung:

	A	B	C	D
1	Hip-Hop-Fest	Segelsport-Event	Festival für digitale Kunst	historisches (Hochzeits-)Fest
2	Konzerte, Stars	Konzerte, Segelschiffe, Yachten, Windjammerparade	Ausstellungen, Konzerte, Performances, Vorträge, Diskussionsrunden (Zukunftsfragen, -probleme)	Musik, Tanz, Kostüme
3	ja, dreimal	nein	ja, seit 10 Jahren fast jedes Jahr	ja, vor über 30 Jahren

GA/ PL

c Die TN sprechen in Kleingruppen oder im Plenum darüber, welches der Feste sie interessieren würde und warum. Haben sie schon einmal ein ähnliches Fest besucht? Wann? Wo?

Moodle-Tipp: Die TN schreiben im Forum, welches Event oder welche Veranstaltung sie besonders gern besuchen würden oder schon einmal besucht haben. Sie kommentieren mindestens zwei andere Beiträge. Schreiben Sie abschließend ein zusammenhängendes Feedback ins Nachrichtenforum.

4 PL, EA, GA

a *Wiederholung:* Die TN haben zunächst noch die Textseite aufgeschlagen. Wiederholen Sie die bereits aus A1 bekannten temporalen Präpositionen (*um, am, ab, von ... bis, für, nach* und *vor*), indem Sie Fragen zu den Texten stellen, z.B. *Wann beginnt die Ars Electronica? Die letzte Landshuter Hochzeit war im Jahr ... Wann ist die nächste?* usw. Sie können die Fragen auch an der Tafel vorgeben oder als Kopie austeilen und die TN notieren die Antworten. Alternativ geben Sie die Antworten vor und die TN schreiben die passenden Fragen dazu. Erstellen Sie an der Tafel eine Liste der temporalen Präpositionen mit den dazugehörenden Fragewörtern und Kasus.

ggf. Spielfiguren, KV L6|4a

Die TN bearbeiten die Aufgabe wie im Buch angegeben. Anschließend Kontrolle.

Lösung: (Wie lange?) vom ... bis; (Ab wann?) von ... an; (Seit wann?) seit; (Wie lange?) über

Erklären Sie, dass diese temporalen Präpositionen Zeiträume beschreiben. *Vom / Von ... bis* beschreibt einen festen Zeitraum mit feststehenden Zeitpunkten, *von ... an* beschreibt den Beginn eines Zeitraums, *seit* beschreibt einen Zeitraum, der in der Vergangenheit begonnen hat und noch andauert, *über* bezeichnet hier das Überschreiten eines genannten Zeitpunkts/-raums. *Von ... an, von ... bis* und *seit* stehen mit Dativ, bei Wochentagen, Jahreszeiten, Jahreszahlen und Uhrzeiten allerdings ohne Artikel. *Über* steht mit Akkusativ. Geben Sie, um den jeweiligen Kasus zu verdeutlichen, Beispiele aus dem Kursalltag mit ein-, z.B.: *Wir haben gestern über eine Stunde Grammatik geübt. Unser Kurs läuft seit einem Monat.* usw.

53

Extra 1: Die TN kennen sich inzwischen ein bisschen und schreiben in Kleingruppen zu jedem aus dem Kurs einen Satz mit einer der neuen Präpositionen. Die Sätze sollten möglichst der Wahrheit entsprechen, im Zweifelsfall können die TN den betreffenden TN vorher fragen (ebenfalls mithilfe der neuen Präposition: *Seit wann bist du verheiratet, Roberto?*). Für Kurse, in denen die TN sich ziemlich gut kennen müssten (z.B. Intensivkurse), können Sie eine verschärfte Version spielen: Jede Kleingruppe darf nur maximal drei Fragen stellen. Das können Sie sicherstellen durch drei Spielfiguren, die jede Gruppe erhält und gegen eine Frage abgeben muss. Anschließend werden die Sätze im Plenum überprüft, indem der entsprechende TN gefragt wird und antwortet. Die Gruppe liest ihrerseits ihren Satz vor. Ist die Zeitangabe inhaltlich richtig, gibt es einen Punkt, ist der Satz auch grammatikalisch richtig, gibt es einen zweiten Punkt. Ist die Information richtig, erhält die Gruppe einen dritten Punkt. Für jede Spielfigur, die die Gruppen <u>nicht</u> für Fragen eingesetzt haben, gibt es drei Punkte. Welche Gruppe kennt die anderen TN am besten?

Extra 2: Verteilen Sie die Kopiervorlage. Die TN markieren zunächst die richtigen Präpositionen. Anschließend Kontrolle. Dann gehen sie im Kursraum umher, befragen andere TN und notieren die Namen. Wer zuerst zehn Personen gefunden hat, die die Fragen bejaht haben, ruft *Stopp*. Im Plenum erzählen die TN, was sie voneinander wissen. Zusätzlich können Kleingruppen eigene Fragen schreiben. Anschließend stellen die Gruppen einem TN aus einer anderen Gruppe eine Frage. Beantwortet er sie mit *Ja*, erhält die Gruppe einen Punkt, bei einem *Nein* gibt es keinen Punkt. Dann fragt die nächste Gruppe usw. Welche Gruppe hat die meisten Punkte?

Moodle-Tipp: Die TN stellen im Wiki oder im Forum einem anderen TN eine Frage mit *Wie lange?*, *Wann?*, *Seit wann?*, z.B.: *Sarah, seit wann lernst du Deutsch?* Der angesprochene TN antwortet und stellt einem anderen TN eine Frage.

PA, GA, PL	b Die TN schlagen die Aktionsseiten auf. Sie arbeiten zu viert. Je ein Paar arbeitet auf einer Seite, liest das Porträt und notiert die passenden Fragen dazu. Dann stellt Paar A Paar B die notierten Fragen, kontrolliert die Antworten und umgekehrt. Schnelle TN schreiben weitere Fragen zu dem Porträt. Sie können diese Fragen dann im Plenum stellen. *Lösung:* <u>Paar A:</u> Wann hat sie das Angebot aus Zürich bekommen? Wie lange hat sie nicht mehr in der Schweiz gelebt? Wann zieht sie um? Wie lange macht sie Urlaub? Seit wann besucht sie die Freunde am Bodensee? Wann war sie schon einmal auf Mallorca? <u>Paar B:</u> Seit wann arbeitet sie in München? Ab wann steht sie im Schauspielhaus Zürich auf der Bühne? (Für) Wie lange hat sie schon einmal in Zürich gearbeitet? Wann macht sie Urlaub? Wann besucht sie die Freunde am Bodensee? Wie lange (Wann) fliegt sie in den Süden? Extra 1: Die TN erhalten zu zweit je einen Satz des „Heinz-der-Clown-Dominos" und spielen Domino, indem sie die Sätze zusammenlegen, die die gleiche Bedeutung haben.	KV L6|4b, Foto einer interessanten Person, Wollknäuel

UNTERRICHTSPLAN LEKTION 6

Extra 2: Notieren Sie verschiedene Zeitangaben ohne Präpositionen an der Tafel. Hängen Sie zur Anregung der Fantasie ein Foto einer markanten Person auf. Die TN erzählen eine Geschichte über diese fiktive Person, wobei sie eine Zeitangabe von der Tafel verwenden müssen – natürlich mit passender Präposition. Diese Zeitangabe wird dann ausgestrichen. Bringen Sie ein Wollknäuel mit, das die TN nach jedem Satz weiterreichen, sodass jeder an der Geschichte beteiligt ist. Die Geschichte endet, wenn keine Zeiten mehr an der Tafel stehen. Sie können die Geschichte aufnehmen und transkribieren und zu einem späteren Zeitpunkt als Lückentext für die TN aufbereiten.

5	PL	a Die TN hören die Gespräche und notieren, zu welchem Fest aus Aufgabe 3 Tim und Ludmilla wollen. Anschließend Kontrolle.	CD 1.17–18

Lösung: 1 Open Air Frauenfeld; 2 Ars Electronica

	PL	b Die TN lesen die Aussagen, hören dann die Gespräche noch einmal so oft wie nötig und kreuzen an. Anschließend Kontrolle.	CD 1.17–18

Lösung: richtig: 2, 3, 4, 6

Alternativ können die beiden Gespräche auch nacheinander bearbeitet und nach jedem Gespräch weitere Fragen zum Verständnis gestellt werden, z.B. zu Gespräch 1: *Wann ist das Konzert? Warum kommt Sylvie nicht mit?*

6	PL, EA	a Die TN lesen die Sätze im Schüttelkasten. Dann hören sie die Gespräche aus Aufgabe 5 noch einmal und markieren die Sätze, die in den Gesprächen vorkommen. Zunächst tragen die TN die markierten Sätze aus den Gesprächen in die Tabelle ein. Anschließend Kontrolle (Tafel/IWB). Dann tragen die TN die übrigen Sätze ein, danach wieder Kontrolle. Ergänzen Sie weitere Redemittel, welche die TN kennen.	CD 1.17–18, KV L6|6a

Alternativ verteilen Sie die Kopiervorlage an die TN. Die TN schneiden zunächst die Sätze aus und lesen sie. Sie hören die Gespräche noch einmal und legen die Sätze heraus, die sie in dem jeweiligen Gespräch hören. Dann legen die TN diese Sätze in die passende Spalte der Tabelle, Kontrolle (Tafel/IWB). Indem sie die Redemittel anfassen, verschieben oder auch nur ausprobieren, ob sie zu den anderen in der Spalte passen, setzen sich die TN intensiver damit auseinander. Abschließend legen sie auch die noch nicht verwendeten Sätze auf die Tabelle, wieder Kontrolle. Die Sätze können aufgeklebt werden, sodass die TN ihr erarbeitetes Muster im Portfolio ablegen können.

Lösung:
(Beispiele, die auch in den Gesprächen vorkommen, sind hier kursiv)

etwas vorschlagen / sich verabreden	einen Vorschlag ablehnen	zustimmen / sich einigen
Möchtest du vielleicht mitkommen? *Was hältst du davon?* *Hast du am … Zeit?* *Lass uns doch …* *Wie wäre es mit …?* *Willst du zu/zum/zur … mitkommen? Du hast doch gesagt, das würde dich auch interessieren?* Wollen wir noch einen Treffpunkt ausmachen? Darf ich etwas vorschlagen? Geht es bei dir am/um …	Sehr nett, aber da kann ich leider nicht. Also, ich weiß nicht. *Das finde ich nicht so interessant.* Das ist keine so gute Idee. Ich würde lieber …	*Okay, das machen wir.* *Ja, okay, das passt auch.* *Ja, gut. Dann treffen wir uns um … am …* Aber gern.

	PA	b Die TN sehen sich das Dialograster an und schreiben zunächst zu zweit ihr Gespräch. Weisen Sie die TN darauf hin, dass die Spiegelstriche Alternativen sind und keinesfalls alle Sätze vorkommen müssen. Einige Paare spielen ihr Gespräch vor.	Dialograster (Folie/IWB), ggf. Kopie der Hörtexte
		Zeigen Sie dann das Dialograster (Folie/IWB). Die TN spielen mit wechselnden Partnern weitere Gespräche. Entfernen oder verdecken Sie nach und nach Teile des Dialograsters, sodass die TN immer freier sprechen müssen.	
		Zusätzlich können schnelle TN, die mit b schon fertig sind, zu zweit die Teile der Gespräche aus a ergänzen, die nicht zu hören sind. Dazu kopieren Sie die Transkriptionen und die TN ergänzen die fehlenden Antworten. Anschließend können die Gespräche im Plenum vorgespielt werden.	
		Moodle-Tipp: Ein TN schreibt einem anderen einen Terminvorschlag auf der Lernplattform (mithilfe der Redemittel aus dem Buch). Der angeschriebene TN antwortet und vereinbart einen Termin.	
7	EA/ GA	a Die TN machen sich mithilfe der Fragen im Buch Notizen zu einer Veranstaltung ihrer Wahl. Lerngewohnte TN arbeiten allein. Lernungewohnte TN können sich zu Neigungsgruppen zusammenschließen und gemeinsam arbeiten.	

UNTERRICHTSPLAN LEKTION 6

EA/ GA, PL, PA	b Die TN schreiben anhand ihrer Notizen einen Text über ihre Veranstaltung, den sie möglichst mit Fotos illustrieren. Anschließend können die Texte in einer Mappe zusammengeheftet oder für alle kopiert werden. Alternativ können Sie die Texte auf der Lernplattform für alle zugänglich machen. Zusätzlich stellen die TN ihre Veranstaltung im Plenum vor. Die anderen TN dürfen am Ende weitere Fragen stellen. Als weitere Übung können die TN mit den neuen Veranstaltungen weitere Verabredungsgespräche spielen. Extra: In Inlandskursen können sich die TN zusätzlich darüber informieren, welche Feste/Festivals es am Kursort gibt, und dazu kurze Informationstexte für die anderen schreiben. Vielleicht ist etwas Interessantes dabei und TN verabreden sich dafür? Selbstverständlich wird davon im Kurs berichtet. Moodle-Tipp: Die TN recherchieren über Veranstaltungen auf der Webseite von Köln. Dann schreiben sie einen Veranstaltungskalender ins Glossar. Geben Sie bei Bedarf Redemittel vor.

Lesemagazin

	FORM	ABLAUF	MATERIAL	ZEIT
1	PL, EA	Präsentieren Sie den TN bei geschlossenen Büchern den Untertitel *Grüne Revolution oder Gärtnern in der Stadt*. Die TN äußern Vermutungen, worum es in dem Text geht. Erklären Sie dann die Wörter *Prinzessin, Schloss, Beet, Acker, Oase, Sack, Notfall, Grundstück* und *Gelände*. Fragen Sie zusätzlich, in welchem Zusammenhang die Wörter im Text vorkommen könnten. Die TN schlagen die Bücher auf, lesen den Text und kreuzen an. Zusätzlich schreiben die TN die Zeilen, in denen sie die entsprechende Information im Text finden, hinter die Sätze. Anschließend Kontrolle. *Lösung:* a Gemüsegarten (Z. 6); b in dem Garten mitarbeiten (Z. 19); c Alle Menschen (Z. 25–27); d ein Café (Z. 27); e der Stadt (Z. 41); f vielleicht (Z. 37–38) Wenn die TN aus Großstädten kommen oder der Kursort eine Großstadt ist, berichten sie darüber, ob sie ähnliche Projekte kennen.		
2	GA	Die TN sprechen in Kleingruppen darüber, ob sie auch einen Garten haben und gern gärtnern. Wo? Was machen sie? Was pflanzen sie?		

Film-Stationen

	FORM	ABLAUF	MATERIAL	ZEIT
1	PL	a Sprechen Sie mit den TN kurz über Melanie und Lena, woher sie sich kennen usw. Die TN sehen den Anfang des Films ohne Ton (bis 0:57) so oft wie nötig und kreuzen an, was sie während des Spaziergangs sehen. Anschließend Kontrolle. *Lösung:* Gebäude, Geschäfte, Brunnen, Kirche	Clip 2	
	EA, PL	b Die TN lesen die Beispiele im Buch. Danach sehen sie den ersten Teil des Films mit Ton (bis 2:04) und kreuzen an. Anschließend Kontrolle. *Lösung:* 1 die Museen; 2 ins Theater; 3 sehr gut; 4 Freitag; 5 gehen die beiden einkaufen.	Clip 2	
2	PL	a Die TN sehen den Film weiter (ab 2:05) bis zum Ende und markieren, was Lena kauft. Anschließend Kontrolle. Welches Obst und Gemüse erkennen die TN noch (z.B. *Erdbeeren, Artischocken, Weintrauben*)? Sammeln Sie an der Tafel und helfen Sie bei unbekannten Vokabeln (z.B. *Johannisbeeren*). *Lösung:* Tomaten, Zucchini, Paprika, Nektarinen, Fisch, Käse, Salat	Clip 2	
	PL	b Sprechen Sie mit den TN darüber, warum Lena so viel einkauft. *Lösung:* Sie möchte Lena und ihren Mann zum Abendessen einladen.		

UNTERRICHTSPLAN MODUL-PLUS 2

GA/ PL, EA/ PA

c Die TN sprechen in Kleingruppen oder im Plenum darüber, wann sie zuletzt Gäste hatten, was sie eingekauft haben usw.

Extra: Mit dem Fotohandy oder einer Digitalkamera mit Videofunktion machen die TN allein oder zu zweit einen Spaziergang durch den Kursort und filmen wichtige Sehenswürdigkeiten. Alternativ gehen sie auf einen Markt und filmen die Stände. Sie kommentieren, was sie sehen (*Hier gibt es günstige Tomaten. …*). Präsentation der Mini-Filme im Kurs oder auf einer Lernplattform.

Moodle-Tipp: Die TN berichten im Forum über einen Markt in ihrer Stadt oder ihrem Viertel. Was gibt es dort alles?

Projekt Landeskunde

	FORM	ABLAUF	MATERIAL	ZEIT
1	PL, EA	Zeigen Sie die Fotos aus dem Buch sowie bei Bedarf weitere Fotos von Wien und sammeln Sie das Vorwissen der TN. (Er-)Kennen die TN die Stadt? Wer war schon einmal in Wien? Was wissen sie ggf. über Kaiserin Sisi? Die TN lesen den Text und ordnen die Fotos zu. Anschließend Kontrolle. *Lösung:* (von oben nach unten) 1, 3, 2 Extra: Bei Interesse können die TN weitere Informationen über Kaiserin Sisi im Internet recherchieren und im Kurs zusammentragen.	Fotos der Aufgabe und von Wien (Folie/ IWB)	
2	GA	a Die TN arbeiten zu dritt. Um sich über weitere Sehenswürdigkeiten in Wien zu informieren, können sie zunächst auf der offiziellen Internetseite von Wien nachsehen und sich eine Sehenswürdigkeit aussuchen. Dann sammeln sie weitere Informationen dazu. Alternativ können Sie Sehenswürdigkeiten von Wien auf Zettel schreiben, die Kleingruppen ziehen einen Zettel und sammeln Informationen über die Sehenswürdigkeit auf dem Zettel.	ggf. Zettel	
	GA, PL	b Die Kleingruppen schreiben einen Text wie in 1 zu ihrer Sehenswürdigkeit, den sie gern mit Fotos schmücken können. Korrigieren Sie die Texte und bitten Sie darum, dass die Texte noch einmal abgeschrieben werden – möglichst fehlerlos! Anschließend präsentieren die Kleingruppen ihren Top-Tipp im Kurs – entweder mündlich oder indem sie ihren Text für alle zum Lesen aushängen. Zum Schluss stimmen die TN darüber ab, welche Sehenswürdigkeiten sie am interessantesten finden und bei einem Wien-Aufenthalt auf jeden Fall besuchen möchten.		

Ausklang

	FORM	ABLAUF	MATERIAL	ZEIT
1	EA, PL	Die TN lesen den Liedtext und ergänzen die Wörter. Dann hören sie das Lied und vergleichen. Bei Bedarf zusätzliche Kontrolle im Plenum. *Lösung:* (von oben nach unten) wunderbares Wetter; superschnelle Stadtrundfahrt; neue Rathaus; alte Brücke; kleine Restaurant; heiße Wurst; große Kirche; kleiner Park; interessantes Denkmal; weltberühmter Mann	CD 1.19	
2	PL	Die TN stellen ihre Stühle auf, als ob sie in einem Bus säßen. Ein TN spielt den Reiseführer, der in die Richtung der jeweiligen Sehenswürdigkeit zeigt. Er tut so, als ob er singen würde. Die anderen TN spielen die Fahrgäste, welche die Köpfe recken, fotografieren usw. Im Anschluss kann das Lied gesungen werden. Animieren Sie die TN dazu, den Rhythmus mitzuklatschen oder mitzuklopfen. Spielen Sie schließlich nur den Anfang des Liedes vor und drücken Sie dann die Pause-Taste, die TN singen und klatschen allein weiter.	CD 1.19	
3	GA/ EA	Die TN finden sich zu Stadtgruppen zusammen oder arbeiten allein. Sie überlegen, welche Sehenswürdigkeiten sie bei einer superschnellen Stadtrundfahrt zeigen würden. Wer Lust hat, kann auch versuchen, den Liedtext entsprechend umzuschreiben. Diese Texte können anschließend im „Bus" (Stühle) gespielt und gesungen werden.		

UNTERRICHTSPLAN LEKTION 7

	FORM	ABLAUF	MATERIAL	ZEIT
1	PL	Wiederholung: Die TN aktivieren ihre Vorkenntnisse und nennen Sportarten, die sie bereits auf Deutsch kennen. Schreiben Sie die Sportarten verteilt an die Tafel. Die TN erhalten kleine Klebezettel und notieren zu jeder Sportart, was man dazu braucht. Bei Bedarf kann ein Wörterbuch benutzt werden. Sie kleben die Zettel zur jeweiligen Sportart.	Haftnotizzettel, Wörterbuch	
		Die TN beschreiben die Personen auf dem Einstiegsfoto: Wie sehen sie aus? Was tragen sie? Wo sind sie? Regen Sie die TN dazu an, auch Adjektive zu verwenden, z.B. *Der Mann trägt ein dunkelblaues T-Shirt*. Die TN erzählen auch, was sie selbst beim Sport tragen (oder als Kind im Sportunterricht getragen haben. Fragen Sie, wer die beiden Personen sind und warum sie zusammen laufen.		
2	PL	Die TN lesen die Aussagen. Erklären Sie *abnehmen*. Dann hören die TN das Gespräch so oft wie nötig und kreuzen an. Anschließend Kontrolle.	CD 1.20	
		Lösung: a Mann; b Frau; c Frau; d Mann		
		Sprechen Sie mit den TN darüber, warum der Mann nicht schon früher mit dem Joggen angefangen hat. Erklären Sie die Bedeutung *innerer Schweinehund*, nämlich dass man zu faul, zu bequem ist, um einen Plan, eine Aktivität zu verwirklichen. Man findet immer Ausreden. Fragen Sie die TN, welcher Sporttyp sie selbst sind. Sind sie eher wie der Mann oder die Frau? Wann machen sie Sport? Wo? Mit wem?		
		Moodle-Tipp: Die TN berichten im Forum darüber, ob sie joggen und warum (nicht). Sie kommentieren auch die Beiträge der anderen. Beteiligen Sie sich ebenfalls, korrigieren Sie aber keine Fehler, sondern schreiben Sie abschließend ein zusammenhängendes Feedback im Forum.		
3	PA, PL, EA, GA	a Die TN lesen die Aussagen und sprechen zu zweit darüber, was sie über Herrn Peters vermuten. Dann hören sie das Gespräch und kreuzen an. Anschließend Kontrolle und Gespräch darüber, ob die Vermutungen richtig waren. Warum (nicht)?	CD 1.21, KV L7|3a, Spielfiguren, Würfel	
		Lösung: 8 Kilo; nicht so früh; Nudeln; später; von Amelie ein Buch leihen; im Schlaf		
		Fragen Sie die TN, ob Herr Peters die Trainerin wieder anruft. Warum (nicht)? Was halten sie von *Fit im Schlaf*? Was tun sie selbst, um fit zu bleiben?		
		Weisen Sie auf den Grammatikkasten hin. Zur Übung überlegen sich die TN, was sie regelmäßig zu bestimmten Zeiten tun, und machen sich Notizen. Anschließend erzählen sie in Kleingruppen darüber.		
		Weisen Sie auch auf den zweiten Grammatikkasten hin. *Zwischen* hat hier temporale Funktion und wird mit dem Dativ benutzt. Bei Uhrzeiten, Wochentagen, Monaten wird im Allgemeinen kein Artikel gebraucht.		

		Geben Sie einige Beispiele aus dem Leben der TN, z.B. *Freddy kommt zwischen acht und halb neun zum Deutschkurs. Luzie frühstückt zwischen halb sieben und sieben.* Die TN befragen sich zu zweit, z.B. *Was machst du morgens zwischen sechs und sieben Uhr? Was machst du abends zwischen acht und neun Uhr?* usw.	
		Extra: Die TN spielen das „Zeit-Spiel". Dazu erhält jede Kleingruppe einen Spielplan der Kopiervorlage, Spielfiguren und einen Würfel. Besprechen Sie vorab die Bedeutung der Sonnen-Bilder (*morgens, vormittags, nachmittags …*), damit die TN verstehen, welche Zeitangaben gemeint sind. Der erste TN würfelt und macht einen Satz mit der auf dem Feld angegebenen Zeit, z.B. *Ich mache die Hausaufgaben nachmittags.* oder *Nachmittags mache ich die Hausaufgaben.*	
PL	b	Die TN hören das Gespräch so oft wie nötig und ergänzen den Fitnessplan. Anschließend Kontrolle. *Lösung:* Montag und Mittwoch: joggen; Dienstag und Donnerstag: schwimmen Klären Sie anschließend Wortschatzfragen und sprechen Sie mit den TN über den Ernährungsplan. Was halten sie davon? Achten sie selbst auf gesunde Ernährung?	CD 1.21
EA, PL, PA	c	Die TN ordnen die Satz-Enden zu. Anschließend Kontrolle. *Lösung:* b joggen gehen. c wir schwimmen gehen. d Sie keine Kohlenhydrate mehr essen. Weisen Sie die TN auf den Konjunktiv II von *können* und *sollen* hin. Mit *können* im Konjunktiv II macht man Vorschläge, mit *sollen* gibt man Ratschläge. Geben Sie die komplette Konjugation der beiden Verben an der Tafel vor. Zum Vergleich schreiben Sie auch den Indikativ an. Um die neuen Formen einzuüben, erhalten die TN zu zweit zwei verschiedenfarbige Würfel. Ein Würfel wird den Personalpronomen zugewiesen (1 = ich, 2 = du usw.). Der zweite Würfel steht für Beispiele, die ungesundes (Ess-)Verhalten nennen (1 = viel Schokolade essen, 2 = sechs Tassen Kaffee am Tag trinken usw.). Schreiben Sie beides an die Tafel. Die TN würfeln und bilden Sätze, z.B. bei einer 1 und einer 2: *Ich sollte nicht sechs Tassen Kaffee am Tag trinken.* Die Vorgaben für den zweiten Würfel können Sie sukzessive durch neue ersetzen. Zur Erweiterung der Übung sammeln Sie mit den TN Beispiele für gesundheitsbewusstes Verhalten. Halten Sie sie an der Tafel fest (z.B. *mehr Obst essen, Früchtetee trinken* usw.). Die TN arbeiten wie vorher zu zweit: Ein TN würfelt und erweitert seinen Satz um etwas, was er besser machen könnte. Für die Augenzahl 1 und 2 z.B.: *Ich sollte nicht so viel Kaffee trinken. Ich könnte Früchtetee trinken.* Extra: Die TN spielen zu zweit „Fitness- und Ernährungspoker". Dazu erhalten die Paare je einen Satz Karten der Kopiervorlage. Die Karten werden gemischt und aufgeteilt. Die weißen Karten zeigen ein Fehlverhalten, die farbige Karte macht einen Vorschlag dazu. Die TN prüfen, ob sie unter ihren Karten bereits weiße und farbige Karten haben, die zusammenpassen, und sortieren diese Karten aus.	Würfel, KV L7|3c

UNTERRICHTSPLAN LEKTION 7

		Dann spielt der erste TN eine weiße Karte aus und bildet einen Satz dazu, z.B. *Du solltest nicht so viele Süßigkeiten essen.* Der andere Spieler spielt eine passende Karte aus: *Stimmt, ich könnte mehr Obst und Gemüse essen.* Die Karten werden beiseitegelegt und der andere TN spielt eine weiße Karte aus. Lerngewohnte TN können weitere Karten entwerfen, die für alle kopiert werden.	
		Tipp: Solche Lernspiele können Sie den TN auch für die Pausen zur Verfügung stellen oder schnellen TN als Zusatzaufgabe geben. Oder Sie legen Zeiten fest, in denen die TN sich aus den Lernspielen eins herausnehmen und spielen. Dabei bleibt es den TN überlassen, was sie spielend wiederholen möchten.	
4	GA, EA	a Die TN sprechen in Kleingruppen über den Fitnessplan in 3b. Geübte TN sprechen zusätzlich darüber, wie sie den Plan finden und ob sie glauben, dass Herr Peters ihn einhalten wird. Warum (nicht)?	
		Die TN stellen sich zusätzlich vor, der Plan sei für sie selbst. Was möchten die TN an dem Plan ändern? Geben Sie ein Beispiel vor: *Ich möchte nicht an zwei Tagen schwimmen. Am Donnerstag würde ich lieber Gymnastik machen.*	
		Wenn die TN zusätzlich das Schreiben trainieren sollen, verschriftlichen sie den Fitnessplan (*Vormittags sollte Herr Peters Sport machen. Montags und mittwochs …*).	
		Moodle-Tipp: Wiki „Unser Fitnessplan": Die TN schreiben Vorschläge mit *sollte* ins Wiki (z.B. *Wir sollten zwei- bis dreimal pro Woche laufen.*). Korrigieren Sie die Einträge und lassen Sie sie im nächsten Präsenzunterricht vorstellen.	
	GA, PL	b In den Kleingruppen sammeln die TN weitere Vorschläge für Herrn Peters. Sie halten diese auf einem Plakat fest. Anschließend gemeinsamer Vergleich.	Plakate
5	EA, PL/ GA, PA	Die TN sehen sich das Bildlexikon zwei Minuten lang an, dann werden die Bücher geschlossen. In Kleingruppen oder im Plenum spielen sie abwechselnd pantomimisch Sportarten vor. Die anderen raten. Alternative für lerngewohnte TN: Ein TN denkt sich eine Sportart. Die anderen versuchen, die Sportart zu erraten, indem sie Ja-/Nein-Fragen stellen. Der TN darf nur mit *Ja* oder *Nein* antworten.	KV L7|5
		Extra 1: Alternativ oder zusätzlich schließen die TN die Augen und machen alle die Bewegungen zu der Sportart, die Sie gerade nennen. Oder zur Wortschatzerweiterung: Nennen Sie Dinge und Gegenstände, die man für eine bestimmte Sportart braucht, z.B. *Sportschuh, Eis, Puck* usw. Die TN nennen oder notieren die passende Sportart dazu (*Eishockey*).	
		Extra 2: Zur Wiederholung von Adjektiv-Endungen nach *in, (auf)* (Dativ) verteilen Sie die Kopiervorlage. Die TN arbeiten zu zweit und befragen sich gegenseitig nach den fehlenden Informationen.	
6	EA	a Die TN füllen den Fragebogen für sich aus und ergänzen bei Bedarf weitere Aussagen.	

	PA, PL	b Die TN erzählen der Partnerin / dem Partner von ihrem Profil. Die Partnerin / Der Partner gibt Empfehlungen, der andere reagiert darauf. Weisen Sie die TN auf den Kommunikationskasten hin. Sie sollen in ihrem Gespräch möglichst viele dieser Redehilfen benutzen. Als Hilfe können die TN für jedes Beispiel im Kommunikationskasten ein Kärtchen schreiben. Wenn sie den entsprechenden Satz benutzt haben, drehen sie das Kärtchen um. Lassen Sie die TN diese Kärtchen ruhig selbst schreiben, das hilft, die Redemittel im Kopf zu verankern. Tipp: Sammeln Sie diese Kärtchen mit den Redemitteln aus dem Kasten ein und verteilen Sie sie bei ähnlichen Themen wieder. Lerngewohnte TN können das Gespräch erweitern, indem sie überlegen, mit wem aus dem Kurs sie diesen Sport machen könnten und wo. Anschließend Gespräch im Plenum, welche Sportarten die TN interessant finden. Welche betreiben sie selbst, welche sehen sie sich gern im Fernsehen oder live an? Erstellen Sie an der Tafel eine Liste der fünf beliebtesten Sportarten.	Blanko-Kärtchen
7	EA (PA)	Die TN schlagen die Aktionsseite auf, lesen die Forumstexte und kreuzen an. Anschließend Kontrolle. Lösung: Naschkatze: 1, 3; Elke42: 2, 4 Die TN machen sich allein oder zu zweit Notizen zu den Fragen aus b und schreiben eine eigene Antwort. Moodle-Tipp: Forum „Ratschläge für ein gesundes Leben": Die TN geben sich gegenseitig Ratschläge mit *könnte*. Jeder schreibt mindestens einen Ratschlag und antwortet auf den Beitrag, der an ihn selbst gerichtet ist. Beteiligen Sie sich am Forum, korrigieren Sie aber keine Fehler. Schreiben Sie anschließend ein Feedback.	
8	PL, EA	a Greifen Sie noch einmal die Wendung vom *inneren Schweinehund* aus dem Einstiegsgespräch auf. Sprechen Sie zunächst über den inneren Schweinehund von Herrn Peters: Was möchte er, was schafft er nicht? Dann notieren die TN Stichworte zu ihrem inneren Schweinehund.	
	GA, PL (EA)	b Die TN berichten zu viert über ihren inneren Schweinehund. Woran hindert er sie? Sie vergleichen die Unterschiede und die Gemeinsamkeiten. Ggf. geben die anderen Tipps. Zusätzlich notiert jede Gruppe die drei häufigsten Probleme ihrer Gruppe. Erstellen Sie daraus eine Liste an der Tafel. Jeder TN bekommt nun drei Klebepunkte, die er an seine persönlichen drei größten Probleme klebt. Anschließend Auswertung, welches die häufigsten Probleme im Kurs sind. Extra: Die TN erzählen mithilfe der Kopiervorlage die Geschichte des inneren Schweinehundes von Herrn und Frau Morgen-Später. Dabei wird der innere Schweinehund personifiziert. Erzählt wird aus seiner Perspektive. Die TN können in Kleingruppen oder, wer möchte, in Einzelarbeit schreiben. Vielleicht haben die TN Lust, auch eigene Bilder zu zeichnen und zu beschreiben.	Klebepunkte, KV L7|8b

UNTERRICHTSPLAN LEKTION 8

	FORM	ABLAUF	MATERIAL	ZEIT
1	EA, (PA), PL	a Wiederholung: Die TN sehen sich zunächst nur das Foto an und notieren die Körperteile, die zu sehen sind. Schnelle TN notieren zusätzlich, wie viele zu sehen sind. Dann Vergleich mit der Partnerin / dem Partner und/oder im Plenum.	CD 1.22	
		Führen Sie ein kurzes Einstiegsgespräch zum Foto. Die TN lesen die Aussagen. Erklären Sie *Notfall* und *Herz/Herzinfarkt*. Dann hören die TN das Gespräch und ordnen zu, wer was denkt. Anschließend Kontrolle.		
		Lösung: Dr. Watzeck: Das ist sicher nicht so schlimm. Frau Brudler: Das ist ein schwerer Notfall. Das ist vielleicht ein Herzinfarkt.		
		Landeskunde: In Deutschland, Österreich und der Schweiz gibt es Hausärzte. Das sind Allgemeinmediziner, die man bei gesundheitlichen Beschwerden in der Regel zuerst aufsucht. Wenn nötig, überweisen diese den Patienten zu einem Spezialisten, z.B. zum Augenarzt. Viele Hausärzte kommen auch nach Hause, z.B. bei sehr schwerer Krankheit oder zu alten Leuten, die nicht mehr in die Praxis kommen können.		
	PL	b Die TN äußern Vermutungen über Frau Brudler. Sie sollten ihre Meinung begründen, ggf. hören sie das Gespräch noch einmal. Sprechen Sie auch über die Reaktion des Arztes. Wie finden die TN sein Verhalten?	ggf. CD 1.22	
2	GA/ PL	In Kleingruppen oder im Plenum erzählen die TN, wie oft sie zum Arzt gehen, ob sie sich zu Krankheiten im Internet informieren, bzw. wo und ob sie sich informieren (Apotheke, Heilpraktiker usw.). Nehmen sie sofort Medikamente oder zuerst ein Hausmittel? Was tun die TN für ihre Gesundheit?		
		Moodle-Tipp: Bei Zeitproblemen lässt sich diese Aufgabe sehr gut auf der Lernplattform machen. Stellen Sie die Fragen der Aufgabe im Forum, die TN schreiben einen Beitrag und kommentieren zwei andere Beiträge. Fassen Sie die Ergebnisse abschließend in einer Art Kursstatistik zusammen: *Alle gehen mindestens einmal pro Jahr zum Zahnarzt. ...*		
		Wiederholung: Die TN aktivieren ihr Vorwissen und sammeln gesundheitliche Probleme und Krankheiten (*der Schnupfen, das Fieber, der Husten, die Kopfschmerzen* etc.). In Kleingruppen sprechen sie darüber, indem sich ein TN ein Gesundheitsproblem aussucht: *Ich habe oft Schnupfen.* Die anderen geben Tipps und Ratschläge, indem sie *könnte* und *sollte* benutzen: *Du solltest morgens kalt duschen. Das ist gut für das Immunsystem. / Du könntest regelmäßig in die Sauna gehen.*		
3	EA, PL	a Die TN überfliegen die Forumstexte und notieren die Namen. Anschließend Kontrolle.		
		Lösung: 1 carlotta123; 2 billi-rubin; 3 Seelenpein		
		Erklären Sie die Bedeutung von „billi-rubin" (eigentlich *Bilirubin*: rötlicher Gallenfarbstoff, kommt auch im Blut vor und wird bei Blutuntersuchungen gemessen) und *Seelenpein*.		

EA, PA, PL	b Die TN lesen die Forumstexte noch einmal genau und korrigieren die Sätze, vergleichen dann zunächst zu zweit. Anschließend gemeinsame Kontrolle. *Lösung:* 2 ~~lange~~ – 5 Minuten; 3 ~~nicht gesund~~ – völlig in Ordnung; 4 ~~Körper~~ – Hausarzt Schnelle TN schreiben nach dem Muster im Buch weitere Sätze mit einer falschen Information. Dann werden die Sätze im Plenum mehrmals langsam vorgelesen. Die anderen notieren das falsche und das richtige Wort. Damit die Konzentration nicht gestört wird, lassen Sie zuerst alle Sätze vorlesen und besprechen Sie erst danach die Lösungen. In Kursen mit überwiegend lernungewohnten TN bereiten Sie einige Sätze vor, die Sie mehrmals langsam vorlesen. Die TN notieren. Greifen Sie noch einmal das Kursgespräch aus Aufgabe 1 auf. Hat sich der Eindruck von Frau Brudler bei den TN verändert oder verfestigt? Wie würden sie selbst auf Frau Brudler reagieren, wie „Seelenpein" oder wie „billi-rubin"?	
EA, PA, PL	c Die TN notieren Wörter aus dem Text zu den Begriffen *Krankheit/ Gesundheit* und *Körper*. Dann vergleichen sie ihre Listen in Partnerarbeit, wobei sie ggf. über die Zuordnung diskutieren, die nicht immer eindeutig sein muss, z.B. bei *Angst*. Machen Sie deutlich, dass die TN sich nicht einigen müssen, sondern ihre Ansicht verteidigen/begründen sollen. Sie können auch gezielt strittige Begriffe herausgreifen und sie im Plenum diskutieren. Die TN erhalten dann drei Minuten Zeit, um weitere Begriffe zu ergänzen. Anschließend Vergleich im Plenum.	
4 EA, PL, GA	a Die TN ergänzen *weil* oder *deshalb* im Grammatikkasten. Sie markieren die Verben und kreuzen an, wo das Verb jeweils steht. Anschließend Kontrolle. Für weitere Beispiele lesen sie die Forumsbeiträge noch einmal und markieren alle *weil*- und *deshalb*-Sätze und die dazugehörigen Verben. *Lösung:* (von oben nach unten) weil; Deshalb; In *deshalb*-Sätzen: Position 2; In *weil*-Sätzen: Satzende Erklären Sie, dass *weil* einen Hauptsatz mit einem Nebensatz verbindet. Das Verb steht in Nebensätzen immer am Ende. *Weil* gibt einen Grund an und antwortet auf die Frage *Warum*. Erarbeiten Sie mit den TN weitere Beispiele aus dem Kursalltag und notieren Sie sie an der Tafel. Markieren Sie dabei die Konjunktion und das Verb. Gehen Sie dann zu *deshalb* über. *Deshalb* gibt eine Folge an und verbindet zwei Hauptsätze. Man kann diese an sich selbstständigen Sätze durch einen Punkt oder ein Komma abtrennen. Das Verb steht in *deshalb*-Sätzen auf Position 2. Um den Unterschied zu *weil*-Sätzen herauszuarbeiten, greifen Sie einen der erarbeiteten *weil*-Sätze heraus, z.B. *Ilona war gestern nicht im Deutschkurs, weil sie krank war.* Machen Sie deutlich, dass in diesem Satz gesagt wird, warum Ilona nicht im Kurs war. Schreiben Sie dann den gleichen Satz als *deshalb*-Satz an: *Ilona war krank, deshalb ist sie nicht zum Deutschkurs gekommen.* Erklären Sie den TN, dass die Folge der Krankheit von Ilona war, dass sie nicht zum Kurs kommen konnte.	Kärtchen für „lebende Sätze", KV L8|4a

UNTERRICHTSPLAN LEKTION 8

Wenn Sie hier *deshalb* durch *weil* (bitte nur mündlich!) ersetzen, wird den TN sofort der inhaltliche Unterschied klar. Erarbeiten Sie auch hier weitere Beispiele aus dem Kursalltag und notieren Sie sie an der Tafel.

Spielen Sie mit den TN „lebende Sätze": Bereiten Sie zu Hause Sätze mit *deshalb* und *weil* vor, indem Sie für jedes Wort eine Karte schreiben. Verteilen Sie die Karten satzweise an die TN, die sich in der richtigen Wortreihenfolge aufstellen. Besonders anschaulich wird es, wenn Sie für die Verben jeweils einen Stuhl aufstellen, beklebt mit den Zetteln *Position 2* und *Satzende*. In *deshalb*-Sätzen bleibt der Stuhl am Ende leer, in *weil*-Sätzen muss der Stuhl *Position 2* nach hinten gerückt werden, weil er nicht gebraucht wird. Optional kann an dieser Stelle die Konjunktion *denn* wiederholt werden. Nachdem die TN einige Beispiele dazu „gestellt" haben, verteilen Sie noch einmal einen *weil*-Satz.

Die TN stellen sich entsprechend auf. Winken Sie dann den TN, der die *weil*-Karte hält, heraus und schicken Sie einen anderen TN mit einer *denn*-Karte nach vorne. Die TN positionieren sich entsprechend neu. Erinnern Sie die TN daran, dass *denn* auf Position 0 steht, ebenfalls einen Grund angibt, aber zwei Hauptsätze verbindet.

Extra: Jede Kleingruppe erhält einen Satz Kärtchen der Kopiervorlage. Die TN spielen Domino nach den bekannten Regeln. Alternativ können die Kärtchen in der Mitte auseinandergeschnitten werden. Die TN mischen die Kärtchen und legen sie verdeckt auf den Tisch. In Kleingruppen spielen sie Memo, das heißt, es werden immer zwei Karten aufgedeckt. Passen sie zusammen, dürfen sie behalten werden. Passen sie nicht, werden sie wieder verdeckt und der nächste TN ist an der Reihe.

PA, GA	b Die TN lesen zu zweit die Sätze und ergänzen *weil* oder *deshalb*. Anschließend Kontrolle.	Folien/ Plakate, KV L8|4b

Lösung: 1 weil; 2 deshalb

In Partnerarbeit schreiben die TN zwei eigene Sätze mit einer Lücke für *weil* oder *deshalb*, dabei verwenden sie Wörter aus 3c und aus dem Bildlexikon. Die Paare tauschen die Sätze mit einem anderen Paar und ergänzen die Lücken. Alternativ schreiben die TN die Sätze auf eine Folie / ein Plakat. Die Sätze werden im Plenum gemeinsam gelöst und ggf. korrigiert.

Extra: Die TN erhalten in Kleingruppen je einen Satz Bildkärtchen der Kopiervorlage. Der erste TN zieht zwei Kärtchen und macht über die beiden Bilder einen Satz mit *weil* oder *deshalb*, z.B. *Notaufnahme* und *untersuchen*: *Klaus fährt in die Notaufnahme, weil der Arzt sein Bein untersuchen soll.* Lerngewohnte TN können auch *denn* dazunehmen.

Moodle-Tipp: Legen Sie im Wiki ein Kettenspiel an. Ein TN beginnt und schreibt einen Satz mit *weil*. Der nächste TN macht aus dem *weil*-Satz einen Hauptsatz und ergänzt dann wieder mit *weil*. Eine ähnliche Aufgabe lässt sich auch mit *deshalb* machen oder mit *weil* und *deshalb*.

5	GA	Die TN arbeiten zu viert. Sie schlagen die Aktionsseite auf und erhalten pro Gruppe einen Würfel. Ein TN würfelt und macht einen entsprechenden Satz. Bei der Augenzahl 1, 2 oder 3 soll ein Satzanfang aus der linken Spalte gewählt werden und mit einem *weil*-Satz und einem Beispiel aus der rechten Spalte ergänzt werden. Würfeln die TN die Augenzahl 4, 5 oder 6, soll ein Satzanfang aus der rechten Spalte gewählt werden. Dann folgt ein *deshalb*-Satz mit einem Beispiel aus der linken Spalte. Für jeden richtigen Satz gibt es einen Punkt. Machen Sie zuerst einige Beispiele im Plenum, bis alle das Prinzip verstanden haben. Extra: Wenn Sie noch eine Übung zur Festigung machen möchten oder zur schnellen Wiederholung zu einem späteren Zeitpunkt, stellen Sie zwei Stühle auf. Der eine Stuhl ist der *Weil*-Stuhl, der andere der *Deshalb*-Stuhl. Die TN bilden drei Reihen. Eine Reihe steht in der Mitte, die anderen zwei je hinter einem Stuhl. Die ersten in der Reihe nehmen jeweils auf dem Stuhl Platz. Der TN der mittleren Reihe macht eine beliebige Äußerung über einen TN aus dem Kurs, z.B. *Pedro hat die Hausaufgaben nicht gemacht.* Der TN auf dem *Weil*-Stuhl sagt eine Begründung mit *weil*, z.B. *Weil er gestern Geburtstag hatte.* Der TN auf dem *Deshalb*-Stuhl sagt den Satz mit *deshalb*: *Pedro hatte gestern Geburtstag, deshalb hat er die Hausaufgaben nicht gemacht.* Dann stellen sich die drei TN in einer anderen Reihe hinten an.	Würfel
6	EA, PL	a Die TN ordnen die Satzanfänge zu. Alternativ können Sie jeden Satzanfang und jedes Satzende auf ein Kärtchen schreiben. Jeder TN erhält ein Kärtchen und sucht seine Partnerin / seinen Partner mit dem passenden Anfang/Ende. Anschließend Kontrolle. *Lösung:* (von oben nach unten) Ist alles in Ordnung? Ich habe Angst vor Herzkrankheiten. Hoffentlich hast du nichts Schlimmes! Ich hoffe, es ist alles in Ordnung. Das finde ich aber traurig. Oh, das tut mir wirklich sehr/echt leid. Die TN schreiben die Sätze ins Heft. Dabei notieren sie hinter den Sätzen, ob diese Hoffnung (H), Mitleid (M) oder Sorge (S) ausdrücken (Lösung auf der Übersichtsseite der Lektion).	ggf. Sätze der Aufgabe auf Kärtchen
	PA, PL	b Zeigen Sie das Dialograster (Folie/IWB). Die TN lesen zunächst zu zweit das Gespräch. Danach lesen zwei freiwillige TN im Plenum.	Dialograster auf Folie/IWB
	PA	c Die TN spielen zu zweit das Gespräch mit neuen Situationen nach. Dabei bleiben die Bücher geschlossen. Verdecken Sie nach und nach Dialogteile auf der Folie, sodass die TN immer größere Passagen aus dem Gedächtnis ergänzen müssen. Verteilen Sie die Kärtchen der Kopiervorlage. Die TN sprechen zu zweit einen Dialog und tauschen ihr Kärtchen dann mit einem anderen Paar. Lerngewohnte TN finden eigene Situationen. Erweiternd und zur Wiederholung können die TN auch einen Ratschlag geben.	Dialograster auf Folie/IWB, KV L8|6c

UNTERRICHTSPLAN LEKTION 8

7 EA, PL — a Mithilfe des Bildlexikons ergänzen die TN die fehlenden Wörter. Anschließend Kontrolle.

Lösung: (in der Reihenfolge des Vorkommens) Unfall, Krankenwagen, verletzt, Krankenhaus, untersucht, Verband

Tipp: Geben Sie den TN Zeit, den Text mehrfach zu lesen und so vorzubereiten, dass sie ihn flüssig und mit guter Satzmelodie lesen. Wer will, kann ihn sogar auswendig lernen. Einige TN tragen den Text vor, als ob sie den Unfall wirklich erlebt hätten. Es geht um möglichst gute Intonation und Artikulation.

GA — b Die TN schreiben zu dritt eine Geschichte nach den Angaben im Buch. Gemeinsam lesen die Gruppen ihren Text noch einmal und korrigieren ggf. Fehler. Dann tauschen die Gruppen ihre Geschichten und korrigieren sie. Diesen Vorgang sollten Sie zwei- oder dreimal wiederholen. Die letzte Gruppe macht sozusagen die Endkontrolle und unterschreibt unter dem Text. Sammeln Sie die Texte ein und korrigieren Sie sie. Welche Gruppe hat die wenigsten Fehler übersehen? Lassen Sie die Gruppen ihre Geschichten noch einmal abschreiben, damit sie eine fehlerbereinigte Version haben. Jetzt können die Geschichten im Kurs vorgelesen oder ausgestellt werden.

	FORM	ABLAUF	MATERIAL	ZEIT
1	PL, GA	Die TN sehen sich das Foto an und spekulieren, wo und wer der Mann ist und was er mit Autos zu tun hat. Dann lesen sie die Aussagen. Weisen Sie darauf hin, dass *Wagen* ein Synonym für *Auto* ist. Die TN hören, was Alfons Beierl erzählt, und kreuzen an. Anschließend Kontrolle. *Lösung:* a arbeitet bei Audi in Ingolstadt. b an seinem ersten Audi gearbeitet. c ein sehr erfolgreicher Wagen. Fragen Sie die TN, welchen Beruf Herr Beierl hat (Automechaniker). Erklären Sie, dass Autos, die mit ihrem Markennamen bezeichnet werden, maskulin sind: *der Audi, der Mercedes, der VW* usw. Wenn Sie eine Wiederholung zu *weil, denn, deshalb* machen möchten, bringen Sie Fotos von Autos (alten, kuriosen, bunt lackierten usw.) mit. Die TN überlegen in Kleingruppen, zu wem im Kurs die Autos passen könnten, und notieren, z.B. *Nr. 3 ist ein Auto für Christopher. Denn er hat auch oft bunte Pullis an.*	CD 1.23, Fotos von Autos	
2	GA/ PL, EA/ PA	In Kleingruppen oder im Plenum sprechen die TN darüber, ob sie Autos interessant finden und ob sie ein Auto haben, hatten oder haben möchten. Was für ein Auto würden sie kaufen? Haben die TN eine Lieblingsmarke? In nicht homogenen Kursen: Werden in den Heimatländern der TN auch Autos produziert? Moodle-Tipp: Legen Sie eine Abstimmung an: *Haben Sie ein Auto?* Sprechen Sie im nächsten Präsenzunterricht über das Ergebnis und erweitern Sie bei Interesse der TN das Thema, indem Sie fragen, wofür das Auto genutzt wird, wofür/warum es wichtig ist, warum jemand kein Auto hat usw. Die TN schreiben auch einen Beitrag ins Forum, in dem sie über ihr (Traum-)Auto erzählen. Alternativ oder zusätzlich können sie auch einen Beitrag zu „Ein Leben ohne Auto" verfassen: *Wie wäre ein Leben ohne Auto, ist das vorstellbar?* Wer kein Auto hat, kann begründen, warum das Leben ohne Auto super funktioniert oder was er vermisst. Beginnen Sie die Aktivität mit einem ersten Beitrag. Kommentieren Sie auch die Texte der TN. Jeder TN kommentiert ebenfalls mindestens einen Beitrag. Wiederholung: Zur Vorbereitung auf das Grammatikthema der Lektion (Adjektivdeklination nach Nullartikel) wiederholen Sie mithilfe der Kopiervorlage die Adjektivdeklination nach definitem und indefinitem Artikel. Geben Sie außerdem an der Tafel die Nomen *Auto, Arbeit, Wagen, Fabrik* vor, daneben die Adjektive *schnell, teuer, schwarz, groß, alt* und *bekannt*. Die TN schreiben nun Sätze, indem sie jeweils ein Nomen und ein Adjektiv beliebig verwenden. Geben Sie ein Beispiel vor, z.B. *Der Audi ist ein schnelles Auto.* Dann arbeiten die TN allein oder zu zweit und schreiben in fünf Minuten so viele Sätze wie möglich. Sie lesen ihre Sätze vor, die anderen kontrollieren, ob sie korrekt sind. Wenn sie einen Fehler entdecken, klopfen sie und korrigieren.	KV L9|2	

UNTERRICHTSPLAN LEKTION 9

3	EA/ PA, PL	Die TN sehen sich allein oder zu zweit das Bildlexikon an. Verteilen Sie je eine Kopiervorlage an die TN. Die TN lösen das Kreuzworträtsel. Dann ergänzen sie die fehlenden Begriffe im Bild im Buch. Anschließend Kontrolle.	KV L9|3

Lösung: (von links nach rechts) Halle/Maschine; Lager; Arbeiter; Lkw

Sprechen Sie mit den TN darüber, wo Herr Beierl vermutlich arbeitet (in der Produktion, am Fließband). Fragen Sie, wer in einem der im Buch gezeigten Bereiche gearbeitet hat oder arbeitet? Thematisieren Sie auch den Unterschied zwischen *Arbeiterin/Arbeiter* (Arbeitnehmer/-in, der/die überwiegend körperliche Arbeit macht) und *Angestellte/Angestellter*, (heute synonym zu Arbeitnehmer/-in, im Gegensatz zu Arbeitern mehr Tätigkeiten im Büro).

Ergänzend schreiben die TN drei Minuten lang Berufe auf. In einem zweiten Schritt überlegen sie, welche Begriffe aus dem Bildlexikon zu welchem Beruf passen. Um sich zu beraten, können die TN diesen Teil auch zu zweit bearbeiten. Anschließend Ergebnisgespräch im Plenum.

4	EA, PL	a Die TN überfliegen den Text und ordnen die Überschriften zu. Einfacher wird es, wenn die TN Abschnitt für Abschnitt lesen und zuordnen. Alternativ können Sie den Text für jeden TN kopieren und abschnittsweise ausschneiden lassen. Die Überschriften werden auf Zettel geschrieben und die TN legen Textabschnitt und passende Überschrift zusammen. Ein solcher Zugang ist für manche TN leichter zu bewältigen. Anschließend Kontrolle.	

Lösung: Die Arbeitsplätze in der Produktion: C; Die Produktion in den letzten Jahrzehnten: A; Die Arbeitszeiten: D

Sprechen Sie mit den TN über die Signalwörter im Text, die Hinweise auf die richtige Lösung geben. Erklären Sie ggf., dass es sich teilweise um alternative oder synonyme Formulierungen handelt, z.B. in B: In der Überschrift heißt es *international*, im Text taucht *Weltmarkt* auf.

Erklären Sie den Begriff *Industriemeister* (eine technische Führungskraft in Industriebetrieben mit einem anerkannten Ausbildungsberuf und mehrjähriger Berufspraxis).

	EA, PL, GA	b Die TN lesen den Text noch einmal und kreuzen an. Zusätzlich markieren die TN die entsprechenden Stellen im Text. Anschließend Kontrolle.	KV L9|4b

Lösung: 1 erzählt von einem; 2 gestiegen. 3 besonders viele; 4 muss auch Audi sparen. 5 anders als; 6 gesünder als; 7 Alle Mitarbeiter

Sprechen Sie bei der Kontrolle auch darüber, wo das im Text steht. Zeigen Sie nochmals, dass es sich teilweise um synonyme oder alternative Formulierungen handelt, z.B. entspricht *besonders viele* und *ins Ausland* (Aussage 3) im Text den Angaben *75%* und *Export*. Greifen Sie weitere Beispiele heraus und lassen Sie die TN alternative Formulierungen dafür finden.

		Zusätzlich stellen die TN sich gegenseitig in Kleingruppen Fragen zum Text oder erstellen Richtig-/Falsch-Aussagen, die dann mit einer anderen Gruppe getauscht werden.	
		Extra: Verteilen Sie die Kopiervorlage. Die TN lesen den Text bei geschlossenen Büchern noch einmal und ergänzen die Lücken. Lerngewohnte TN knicken die Wortliste zunächst nach hinten und arbeiten ohne sie. Lernungewohnte TN können die Wortliste als Hilfe benutzen. Dann tauschen die TN ihre Texte mit einer Partnerin / einem Partner. Die Partner kontrollieren die Lücken mithilfe des Textes im Buch. Tipp: Die TN sollten vor der Bearbeitung der Kopiervorlage den Text im Buch mehrmals mit Flüsterstimme lesen. So haben sie die eine oder andere Formulierung noch „im Ohr".	
5	PL, EA	a Zur Vorentlastung schreiben Sie für jedes Nomen mit Adjektiv, das in den Kleinanzeigen vorkommt, ein Kärtchen (*Mitarbeiter, Lohn* ...). Verteilen Sie die Kärtchen an die TN. Verteilen Sie große Zettel mit den Artikeln *der* (blauer Zettel), *das* (grüner Zettel), *die* (roter Zettel) und *die (Pl.)* (gelber Zettel) im Raum. Die TN legen oder kleben ihr Nomen zum richtigen Artikel. Anschließend Kontrolle. Machen Sie ruhig mehrere Durchgänge.	Kärtchen, farbige Artikel-Zettel, Grammatikplakate
		Die TN öffnen ihr Buch. Fragen Sie: *Ich suche ein kleines Büro. Welche Anzeige passt?* Die TN überfliegen die Anzeigen und zeigen die passende Nummer mit den Fingern. Stellen Sie Fragen zu den anderen Anzeigen. Danach lesen die TN die Anzeigen noch einmal und ergänzen die Tabelle. Anschließend Kontrolle.	
		Lösung: (von oben nach unten) klein<u>e</u> Büros; groß<u>es</u> Lager, ordentlich<u>e</u> Haushaltshilfe, freundlich<u>e</u> Mitarbeiter; gut<u>em</u> Lohn, flexibl<u>er</u> Arbeitszeit, günstig<u>en</u> Preisen	
		Erklären Sie, dass die Adjektiv-Endungen bei Nomen ohne Artikel den Kasus und das Genus zeigen. Erstellen Sie ein Plakat mit den Endungen, das im Klassenraum aufgehängt wird. Zum Vergleich sollten auch die Plakate zur Adjektivdeklination mit definitem und indefinitem Artikel noch hängen bleiben oder wieder aufgehängt werden.	
	EA, PA, PL	b Die TN lesen die Anzeigen und ergänzen die Adjektiv-Endungen. Zunächst vergleichen sie zu zweit. Anschließend gemeinsame Kontrolle.	KV L9|5b, Schilder mit Zeitungsrubriken
		Lösung: 1 Freundliche; 2 kleines, kleinen, netter; 3 Erfolgreicher, flexible/flexiblen; 4 fester, gutem	
		Besprechen Sie bei der Kontrolle auch den jeweiligen Kasus, der bei den gekürzten Sätzen für die TN nicht immer einfach zu erkennen sein dürfte. Wenn nötig, lassen Sie die TN die Anzeigen ausformulieren. Achtung: Dann müssen teilweise indefinite Artikel benutzt werden.	

UNTERRICHTSPLAN LEKTION 9

Extra: Die TN erhalten in Kleingruppen je ein „Schwarzes Brett" und einen Satz Endungskärtchen der Kopiervorlage. Die Endungskärtchen werden verdeckt gemischt. Der erste TN zieht ein Endungskärtchen und legt es in eine passende Lücke. Die anderen kontrollieren. Ist die Endung richtig, erhält der TN einen Punkt. Die TN führen eine Strichliste darüber. Passt das Endungskärtchen nicht, wird es zurückgelegt und unter die anderen gemischt. Der TN erhält keinen Punkt. Dann ist der nächste TN an der Reihe. Gewinner ist der TN mit den meisten Punkten.

Die TN schreiben ergänzend zu zweit Kleinanzeigen. Um eine größere Auswahl an Wörtern zu haben, können sie auch Anzeigen zu anderen Themen, z.B. Urlaub, Wohnen, Autos, Möbel, schreiben. Dazu können Sie Schilder mit Anzeigenrubriken aufhängen, unter welche die TN später ihre Anzeigen kleben. Die TN lesen die Anzeigen der anderen und korrigieren sie ggf. Sie können die Anzeigen auch einsammeln und als Lückentexte für spätere Unterrichtsstunden verwenden.

Moodle-Tipp: Legen Sie eine Glossar-Aktivität an: *Sie verkaufen Ihr Auto. Schreiben Sie eine Anzeige dafür und fügen Sie auch ein Foto hinzu.* TN, die kein Auto haben, schreiben eine Anzeige für ihr Traumauto oder das Auto ihres Bruders, Vaters etc.

Tipp: Adjektiv-Endungen sollten oft geübt werden. Streuen Sie deshalb immer wieder kleine Übungen dazu ein. Wiederholung ist das beste Training. Der Gebrauch sollte zum Automatismus werden, vgl. die Übungsvorschläge in den Lektionen 4 und 5. Hier noch eine weitere, die sich schnell zum Stundeneinstieg machen lässt: Schreiben Sie fünf Nomen und fünf Adjektive an die Tafel. Die TN schreiben auf, was zusammenpasst, dabei können Sie vorgeben, ob die TN die Kombinationen mit definitem, indefinitem oder ohne Artikel notieren oder ob Sie ganze Sätze schreiben sollen, z.B. *Hunde, Eltern, Buch, Handy, Flasche – groß, billig, dick, grün, langweilig.*

6	PL, EA, PA	Wiederholen Sie zunächst im Kurs, wie man Wünsche ausdrücken kann. Notieren Sie die Redemittel an der Tafel: *Ich möchte (gern) …, Ich hätte gern …, Ich würde gern …* Die TN schlagen die Aktionsseite auf. Klären Sie, wenn nötig, die Beispiele in der linken Spalte, bevor die TN den Fragebogen für sich selbst ausfüllen. Dann besprechen die TN ihre Wünsche zu zweit und ergänzen die Prioritäten der Partnerin / des Partners.	Zettel mit den Zahlen 1 bis 10
		Wenn Sie eine Auswertung im Kurs machen möchten, können Sie eine Skala von 1 bis 10 vorne im Kursraum auslegen, indem Sie Zettel mit den Zahlen entsprechend auf den Boden legen. Es reicht auch, wenn Sie die Ziffern 1, 5 und 10 auslegen und dazwischen größere Lücken lassen. Ein TN nennt eine der Aussagen aus dem Buch und die anderen positionieren sich entsprechend auf der Skala. In großen Kursen können Sie auch immer nur einen Teil der TN zur Skala bitten, z.B. alle Männer/Frauen, alle, die etwas Grünes anhaben, usw. Einige TN erzählen exemplarisch, wo genau und warum sie sich so positioniert haben, sodass ein Kursgespräch entsteht, z.B.: *Nette Kollegen? Das finde ich sehr wichtig. Und ihr? Wie wichtig ist euch das? – Das ist mir schon auch wichtig. Denn dann macht die Arbeit mehr Spaß. Ich stehe deshalb bei der 7.*	

		Alternativ oder zusätzlich beschreiben die TN, die schon lange beruflich tätig sind, ihren Beruf in kleinen Texten. Diese Texte können Sie als Lückentexte für alle aufbereiten.	
7	PL, GA	a Extra: Die TN sammeln Berufe an der Tafel. Stellen Sie sicher, dass allen die Berufe bekannt sind. Danach arbeiten die TN in Kleingruppen und erstellen eine Tabelle mit den Spalten *Beruf, Ort, Tätigkeiten, Arbeitszeiten, Ausbildung, Verdienst*. Jede Kleingruppe sucht sich so viele Berufe von der Tafel aus, wie die Gruppe TN hat, und füllt dafür die Tabelle aus. Anschließend werden die Berufe im Plenum vorgestellt. Klären Sie dabei den Unterschied zwischen *selbstständig sein* (= eine eigene Firma, ein eigenes Geschäft o. Ä. haben, freiberuflich arbeiten) und *selbstständig arbeiten* (= allein arbeiten und eigene Entscheidungen treffen können). Die TN schreiben einen Beruf und den dazugehörigen Arbeitsort auf einen Klebezettel, den sie einem anderen TN auf die Stirn kleben.	Haftnotizzettel
	GA, PL (EA)	b Die TN, nun alle mit einem Klebezettel auf der Stirn versehen, arbeiten in Kleingruppen. Jeder TN muss den Beruf auf seiner Stirn erraten, indem er den anderen Gruppenmitgliedern Ja-/Nein-Fragen zu seinem Beruf stellt. Extra: Schreiben Sie Berufe auf Haftnotizzettel, und zwar so, dass jeweils zwei oder drei TN denselben Beruf bekommen. Die TN befestigen den Zettel mit ihrem Beruf auf der Stirn, ohne ihn anzusehen. Dann finden sie durch Herumgehen und Fragen heraus, welcher andere / welche anderen TN den gleichen Beruf hat/haben. Zusätzlich oder als Hausaufgabe schreibt jeder TN zu seinem Beruf eine Kleinanzeige wie in Aufgabe 5. Sammeln Sie die Anzeigen ein und bearbeiten Sie sie als Lückentexte für die anderen. Wenn Sie eine Lernplattform (Moodle) nutzen, können Sie oder die TN die Lückenübungen auch dort einstellen.	Haftnotizzettel

UNTERRICHTSPLAN MODUL-PLUS 3

Lesemagazin

	FORM	ABLAUF	MATERIAL	ZEIT
1	PL, EA, PA	Die Bücher sind geschlossen. Machen Sie mit den TN ein Brainstorming zum Thema *Fitnessstudio*. Was gibt es dort? Was kann man dort machen? Sammeln Sie die Vorschläge. Dann lesen die TN die Fragen und den Flyer und beantworten die Fragen. Helfen Sie bei Vokabelfragen. *Lösung:* a einen persönlichen Trainingsplan, über 40 moderne Geräte; b eine Gesundheitsbar, einen Wellnessbereich mit Sauna und Schwimmbad; c für alle Frauen: Mütter, Geschäftsfrauen, Studentinnen und Seniorinnen, täglich von 6:00 bis 24:00 Uhr geöffnet; d Yogakurse, Pilates, (Lauftreff), Bauch-Beine-Po-Gymnastik, Zumba und Poweryoga. In Partnerarbeit können die TN zusätzlich darüber sprechen, welches Angebot sie selbst interessieren würde. Dabei nehmen die Männer im Kurs an, das Angebot gelte auch für sie, oder sie überlegen, welche Kursangebote sie sich wünschen würden.		
2	GA	Die TN sprechen in Kleingruppen über ihre Erfahrungen mit Fitnessstudios. Wenn die TN an Fitnessstudios nicht interessiert sind oder noch nie in einem waren, sollten sie ihre Haltung begründen. So nehmen sie automatisch am Gespräch teil.		

Film-Stationen

	FORM	ABLAUF	MATERIAL	ZEIT
1	PL	a Die TN lesen die Fragen. Danach sehen sie den Anfang des Films (bis 0:40) und sprechen über die Fragen. *Lösung:* 1 auf dem Fußballplatz; 2–4 freie Lösung	Clip 3	
	PL	b Die TN lesen zuerst die Aussagen. Dann sehen sie den ersten Teil des Films (bis 2:13) und kreuzen an. Anschließend Kontrolle. *Lösung: richtig:* (2), 3	Clip 3	
	GA/PL	c Die TN erzählen in Kleingruppen oder im Plenum, ob sie Erfahrungen mit Sportvereinen haben und wie sie Sportvereine finden. Waren sie als Kind in einem Sportverein?		
2	PL, PA	a Die TN sehen den Film ohne Ton bis zum Ende. Zu zweit überlegen sie, wer am Telefon sein könnte, und schreiben ein Gespräch. Anschließend spielen sie das Gespräch im Kurs vor. Wenn sich die TN beim „Telefonieren" Rücken an Rücken setzen, entsteht eine natürlich(er)e Sprechsituation.	Clip 3	
	PL	b Die TN sehen den zweiten Teil des Films mit Ton und ergänzen die Aussagen. Anschließend Kontrolle. *Lösung:* 1 Lena; 2 kochen; 3 Getränke; 4 einer Stunde	Clip 3	

Projekt Landeskunde

	FORM	ABLAUF	MATERIAL	ZEIT
1	PL, EA	Präsentieren Sie die Aussagen zum Text (Folie/IWB), bevor die TN den Text lesen. Die TN stimmen über die einzelnen Aussagen ab: Welche sind ihrer Meinung nach richtig? Halten Sie das Ergebnis fest. Dann lesen die TN den Text und kreuzen an. Anschließend Kontrolle und Vergleich mit den Vermutungen. *Lösung:* richtig: c, d, f	Aussagen zum Text (Folie/IWB)	
2	GA (EA/PA)	a In Kursen mit TN aus verschiedenen Ländern bilden die TN Ländergruppen. Die Gruppen suchen sich ein Thema aus. In Kursen mit TN aus demselben Land bilden die TN Gruppen nach Themen. Sie recherchieren zu ihrem Thema und machen sich Notizen. Die Aufgabe kann auch als Hausaufgabe gestellt werden: Die TN suchen allein oder zu zweit weitere Informationen und Fotos zu ihrem Thema und tragen ihre Ergebnisse in der nächsten Unterrichtsstunde in den Gruppen zusammen.		
	GA	b Die Kleingruppen schreiben kurze Texte zu ihren Fotos und machen ein Plakat. Im Kursraum werden die Plakate als kleine Ausstellung ausgehängt.	Plakate	

Ausklang

	FORM	ABLAUF	MATERIAL	ZEIT
1	EA, PL	Extra: Die TN stellen sich vor, sie bekämen von einem Zauberer jeden Tag zwei Stunden zusätzlich geschenkt. Sie notieren auf kleinen Zetteln, was sie in dieser geschenkten Zeit tun würden. Die Zettel werden aufgehängt. Die TN schlagen die Bücher auf, lesen den Liedtext und sortieren die Strophen. Dann hören sie das Lied und überprüfen ihre Reihenfolge selbstständig. *Lösung:* (von oben nach unten) 5, 3, 4, 6	Zettel, CD 1.24	
2	PA, PL	Die TN lesen den Liedtext zu zweit in Dialogform. Teilen Sie dann den Kurs in zwei Gruppen. Die TN hören das Lied noch einmal und singen mit. Dabei singen die Gruppen „dialogisch": Jede Gruppe singt nur einen Part. Anschließend tauschen die Gruppen und übernehmen die andere Rolle.	CD 1.24	
3	GA, PL	In Kleingruppen sprechen die TN darüber, ob sie auch so viele Termine haben und was sie öfter machen sollten, möchten oder könnten. Sammeln Sie anschließend an der Tafel, was in den Gruppen am meisten genannt wurde. Die TN vergleichen mit dem Lied bzw. ihren Zetteln aus 1.		

UNTERRICHTSPLAN LEKTION 10

	FORM	ABLAUF	MATERIAL	ZEIT
1	EA, PL, PA	Zur Wiederholung der Adjektivdeklination und Einstimmung ins Thema beschreiben die TN schriftlich die Personen auf dem Foto: Aussehen, Kleidung usw. Da die Texte ähnlich sein werden, können Sie diese gut im Plenum besprechen. Anschließend äußern die TN Vermutungen darüber, wo und wer die Personen sind und wie gut sie sich kennen. Notieren Sie die Hypothesen stichwortartig an der Tafel, damit die TN beim anschließenden Hören besser vergleichen können. Alternativ schreiben die TN zu zweit ein Gespräch zu der Situation auf dem Foto. Einige Paare spielen Gespräch dem Plenum vor. Bringen Sie als Requisiten zwei Blumen mit.	zwei Blumen	
2	PL, GA	Die TN hören das Gespräch und vergleichen mit ihren Vermutungen. Stellen Sie sicher, dass alle verstanden haben, dass es sich um ein Blind Date handelt und die Verabredung über ein Internetportal erfolgt ist. Würden die TN sich auf diese Weise verabreden? Warum (nicht)? Moodle-Tipp: Die Aufgabe kann auch ins Forum verlagert werden. Die TN schreiben einen Kommentar zu Blind Dates und dem Kennenlernen im Internet. Fassen Sie am Ende die Meinungen der TN in einem Abschluss-Statement zusammen. Erklären Sie am Beispiel der rosa Gerbera, dass einige Adjektive nicht dekliniert werden können (*die rosa Gerbera, mit einer rosa Gerbera*), auch so: *lila, prima, orange, beige, creme, oliv* u. Ä. Allerdings ist in der Umgangssprache die Deklination von *orange* und *beige* gängig. Wer auf Nummer sicher gehen möchte, sollte Umschreibungen wählen: *eine orangefarbene Blume, ein Kleid in Oliv* usw. Extra: Zur Wiederholung des Wortfelds „Farben" und der Adjektivdeklination verteilen Sie an Kleingruppen je einen Spielplan der Kopiervorlage, Spielfiguren und einen Würfel. Die TN stellen ihre Figuren auf beliebige Felder. Der erste Spieler würfelt, zieht seine Figur vor und bildet einen Satz mit dieser Farbe anhand eines Beispiels aus dem Kursraum. Das Spiel kann auch zu einem späteren Zeitpunkt zur Wiederholung eingesetzt werden.	CD 1.25, KV L10|2, Spielfiguren, Würfel	
3	GA/ PA, PL	a Die TN erzählen, in welchen Lokalen oder Restaurants sie gern essen gehen und warum. Haben sie ein Lieblingsrestaurant? Welches Restaurant würden sie für ein Blind Date wählen? Für lernungewohnte TN notieren Sie einen Variationsdialog an der Tafel. Die TN sprechen zu zweit.	CD 1.26	

> ● Essen Sie gern griechisch / indisch / …?
> ◆ Ja, sehr gern, weil … / Nein, nicht so gern, weil …

	Die TN sehen sich noch einmal das Einstiegsfoto an und stellen Vermutungen darüber an, um welche Art Lokal es sich handelt (*italienische Trattoria, Bar, Café* usw.) und was es in dem Lokal wohl zu essen gibt. Dann hören sie das Gespräch und kreuzen an, was Julia und Olli essen möchten. Anschließend Kontrolle.	
	Lösung: Julia: Fisch; Olli: Pizza, Hamburger, Pommes frites	
	Fragen Sie die TN, wie die beiden sich verhalten (volles Lokal, Olli ist ungeduldig). Wie findet Julia Ollis Verhalten? Die TN stellen Vermutungen darüber an, ob die beiden sich sympathisch sind, ob sie zusammenpassen und wie der Abend weitergeht.	
	Die TN berichten, was sie selbst gern im Restaurant essen. Machen Sie ggf. per Abstimmung eine Hitliste der beliebtesten Speisen.	
EA, PL, (PA)	b Lerngewohnte TN versuchen, die Tabelle zunächst ohne erneutes Hören zu ergänzen. Dann hören die TN das Gespräch noch einmal und ergänzen. Stoppen Sie nach den jeweiligen Sätzen, damit die TN Zeit zur Kontrolle bzw. zum Ergänzen haben. Anschließend Kontrolle mit Folie/IWB.	CD 1.26, Folie/ IWB, Zettel für „lebende Sätze", KV L10|3b
	Lösung: (von oben nach unten) … ich den Fisch nehme. … sie wenigstens Pommes haben. … du reserviert hast.	
	Erklären Sie, dass die Konjunktion *dass* einen Nebensatz einleitet und das Verb deshalb am Ende steht. Zum Vergleich schreiben Sie einen *weil*-Satz an die Tafel, z.B. *Olli möchte Pommes, weil es hier keine Pizza gibt.* Markieren Sie auch hier die Konjunktion und die Endstellung des Verbs im Nebensatz.	
	Bereiten Sie vorab Zettel mit Beispielsätzen vor, um mit den TN „lebende Sätze" zu bauen. Verteilen Sie die Satzteile zunächst ohne *dass* und *Ich denke* o. Ä. Die TN stellen sich in der richtigen Reihenfolge auf. Verteilen Sie dann an zwei TN einen Zettel mit *dass* und einen mit *Ich denke*. Die TN stellen sich entsprechend auf bzw. um. Besprechen Sie weitere Beispiele mit den Einleitungen aus dem unteren Grammatikkasten. Die TN erarbeiten damit Beispiele zu Julia und Olli. Dazu können sie auf die Vermutungen aus a zurückgreifen, z.B. *Steven glaubt, dass Julia Olli nicht besonders mag.* usw.	
	Extra: Verteilen Sie die Kopiervorlage. Die TN suchen einen passenden Satz-Anfang aus und schreiben *dass*-Sätze. Geben Sie für lerngewohnte TN die Satzanfänge auf der Kopiervorlage schon vor oder lassen Sie sie zu zweit bearbeiten. Anschließend Kontrolle.	
	Moodle-Tipp: Fragen Sie im Wiki: *Was ist schade?* Geben Sie Orte oder Situationen vor, z.B. im Deutschkurs, im Restaurant, an der Uni, beim Picknick usw. Die TN schreiben einen Satz mit *schade* zu den Situationen, z.B.: *Beim Picknick: Schade, dass heute nicht die Sonne scheint!*	

UNTERRICHTSPLAN LEKTION 10

4	PL, GA, EA	Die TN schlagen die Aktionsseite auf und lesen die Speisekarte. Klären Sie Fragen zu den Gerichten. Zur Vorentlastung können auch zuerst Gerichte gesammelt werden, die es zwar auf der Speisekarte nicht gibt, die die TN aber gern essen. Die TN sprechen in Kleingruppen über die Speisekarte nach dem Muster im Buch.	

Landeskunde: Labskaus ist ein norddeutsches Gericht aus gekochtem Fisch, Fleisch, Roter Bete, Gewürzgurken, Zwiebeln und gestampften Kartoffeln. Rote Grütze ist eine Süßspeise aus gekochten roten Beeren (Himbeeren, Johannisbeeren, Erdbeeren) und Fruchtsaft, die mit flüssiger Sahne oder Vanillesoße gegessen wird. Sie ist typisch für Norddeutschland und Skandinavien, mittlerweile aber in den meisten deutschsprachigen Regionen bekannt.

Zusätzlich suchen die TN am Kursort geeignete Restaurants für verschiedene Anlässe, z.B. Geburtstag, Hochzeit, Blind Date, romantisches Essen zu zweit, Treffen mit dem Deutschkurs usw. Schreiben Sie dazu Zettel mit Anlässen, je nach Kursgröße jeweils drei- oder viermal den gleichen Anlass. Die TN erhalten einen Zettel, den sie geheim halten. Jeder TN recherchiert für sich im Internet und druckt eine Speisekarte aus oder sucht sich Restaurants in der Stadt aus, fragt nach einer Speisekarte. Die TN, die denselben Anlass haben, bilden in der darauffolgenden Unterrichtsstunde eine Kleingruppe und stellen sich gegenseitig ihre Restaurants vor. Die Gruppe einigt sich auf ein Restaurant und stellt ihre Wahl kurz im Plenum vor.

5	PL	Die TN lesen die Beispiele, hören das Gespräch im Restaurant weiter und kreuzen an. Anschließend Kontrolle.	CD 1.27

Lösung: 1 Salat; 2 mit Essig und Öl; 3 Kartoffelpüree

Sprechen Sie anschließend mit den TN über die Situation. Wie finden sie Ollis Benehmen? Was denkt Julia über ihn? In ihren Antworten können die TN *dass*-Sätze gut einfließen lassen.

6	PL, PA	Extra: Zum Einüben der Wörter geben Sie den TN zwei Minuten Zeit, um sich die neuen Wörter einzuprägen. In der Zwischenzeit hängen Sie Zettel mit den Artikeln in drei verschiedenen Ecken auf. Dann werden die Bücher geschlossen und die TN kommen in die Mitte. Nennen Sie eine Speise, ein Getränk oder einen anderen Gegenstand. Die TN nennen, so schnell sie können, ein dazu passendes Wort aus dem Bildlexikon, z.B. *Kaffee – Tasse, Pommes – Gabel* usw. Das erste Wort, das genannt wird, zählt. Die TN laufen zum Artikel des Wortes. Sie können auch Fühlsäckchen machen: Geben Sie jeweils drei der Gegenstände aus dem Bildlexikon in ein blickdichtes Säckchen oder eine Stofftasche und nummerieren Sie die Säckchen/Taschen. Für *Kanne, Teller* usw. eignet sich Puppenstubenzubehör, die Blume kann eine Plastikblume sein. Die TN ertasten die Gegenstände in dem Sack und notieren sie mit Artikel auf einem Zettel.	große Zettel, ggf. Säckchen mit Gegenständen aus dem Bildlexikon

		Die TN sehen sich die Zeichnung an und sprechen zu zweit mithilfe des Bildlexikons darüber, was auf dem Tisch fehlt. Weil einige der Gegenstände in der Mehrzahl gebraucht werden, sollten die TN bei Bedarf den Plural in der Wortliste am Ende des Buches oder im Lernwortschatz des Arbeitsbuchs heraussuchen und notieren. Anschließend kurzes Gespräch im Plenum.	
		Zur weiteren Übung der Vokabeln nennen Sie eine Mahlzeit, z.B. das Frühstück, die TN notieren eine halbe Minute lang, was dabei auf ihrem Tisch steht oder liegt. Bei der Kontrolle bilden die TN dann vollständige Sätze, z.B. *Ich brauche zum Frühstück eine Tasse, ein Messer und Zucker.* Erweiternd können die TN auch sagen, was sie essen und trinken, und damit begründen, weshalb sie diese Geschirrteile benötigen.	
7	EA, PL	a Die TN ergänzen die Sätze im Dialoggerüst. Wenn nötig, hören sie dazu noch einmal das Gespräch aus 5. Anschließend Kontrolle. *Lösung:* Kellner: Sofort. / Ich komme gleich. Gast: Ich hätte gern … / Bringen Sie mir lieber …	ggf. CD 1.27
	GA	b Bringen Sie Tischdecken, Schürzen sowie Speisekarten mit oder bitten Sie die TN darum. Viele Restaurants zeigen ihre Speisekarte auf ihrer Internetseite, sodass Sie problemlos Beispiele ausdrucken können. Ein paar Requisiten machen Rollenspiele authentischer. Die TN arbeiten zu dritt. Je zwei sitzen an einem Tisch mit Tischdecke, der dritte bekommt die Schürze. Die TN spielen mithilfe des Dialograsters kleine Gespräche. Zwischendurch tauschen sie die Rollen. Für lerngewohnte Kurse können Sie weitere Redemittel für Extrawünsche vorgeben: *Ach, warten Sie! Ich nehme doch kein … / Aber mit viel … und wenig … / Ich hätte gern eine große Portion … extra. / Haben Sie … auch mit …?* Wenn Sie das Dialograster (Folie/IWB) vorgeben, können Sie im Laufe der Übung mehr und mehr Vorgaben tilgen, sodass die TN immer selbstständiger formulieren müssen. Wiederholung: Zur Wiederholung der Adjektiv-Endungen nach Nullartikel ergänzen die TN auf der Speisekarte im Buch passende Adjektive mit Endung, z.B. *leckeres Steak in scharfer Pfeffersoße.* In Kursen mit lernungewohnten TN geben Sie geeignete Adjektive vor. Die TN ordnen in der richtigen Form zu. Moodle-Tipp: Die TN stellen im Glossar ihr Lieblingsgericht (gern auch ihre Lieblingsvorspeise oder -nachspeise) vor und laden ein Foto dazu hoch. Korrigieren Sie die Einträge. Aus allen Einträgen kann eine Speisekarte erstellt werden, mit der die TN Gespräche im Restaurant üben.	Tischdecken, Schürzen, Speisekarten (aus dem Internet), ggf. Dialoggerüst auf Folie/IWB
8	PL	a Die TN lesen die Sätze. Dann hören sie das Gespräch so oft wie nötig und kreuzen an. Anschließend Kontrolle. *Lösung:* richtig: 2, 3, 4 Fragen Sie nach, was Olli wirklich bestellt hat. Wie finden die TN Ollis bzw. Julias Verhalten? Sehen die beiden sich ihrer Meinung nach wieder?	CD 1.28

UNTERRICHTSPLAN LEKTION 10

| EA, PL, GA | b Die TN lesen die Redemittel. Sie übertragen die Tabelle ins Heft und tragen die Redemittel ein. Alternativ geben Sie die Tabelle an der Tafel vor. Die Bücher sind geschlossen. Diktieren Sie die Sätze. Die TN schreiben sie in die richtige Spalte. Zusätzlich markieren schnelle TN, welche Sätze der Gast (G) und welche der Kellner (K) sagt. Anschließend Kontrolle. | ggf. Tischdecken, Schürzen, Speisekarten (aus dem Internet), KV L10|8b |

Lösung:

reklamieren / um etwas bitten	Verzeihen Sie, aber die Suppe ist kalt. (G)
	Ich gebe es an die Küche weiter. (K)
	Der Salat war nicht frisch. (G)
	Das Messer ist nicht sauber. Könnte ich ein anderes bekommen? (G)
	Die Kartoffeln waren versalzen. (G)
	Wir haben kein Öl. Könnten Sie uns bitte das Öl bringen? (G)
	Oh! Das tut mir leid. Ich bringe eine neue Suppe. (K)
bezahlen	Die Rechnung, bitte. (G)
	Das macht … (K)
	Wir würden gern zahlen. (G)
	Zusammen oder getrennt? (K)
	Hier bitte. Stimmt so. (G)
	Getrennt, bitte. (G)

Sprechen Sie mit den TN darüber, wann man sich beschwert: vor oder nach dem Essen. Wenn man sich erst nach dem Essen beschwert, besteht nicht mehr die Möglichkeit, dass man ein neues Essen bekommt. Meistens muss man in dem Fall auch das Gericht bezahlen. Wenn man sich vor dem Essen beschwert, kann der Kellner reagieren und ein neues Essen bringen.

Mit den Requisiten aus 7b können die TN in Kleingruppen Beschwerden spielen. Dazu erhalten die TN Rollenkärtchen der Kopiervorlage. Lerngewohnte Paare erhalten nur eine Problemkarte und finden eine eigene Lösung im Gespräch. Lernungewohnte Paare erhalten sowohl eine Problem- als auch eine Lösungskarte (jeweils rechte Karte der Kopiervorlage). Situation 5 ist als Herausforderung für besonders geübte TN gedacht.

| PL/GA | c Im Plenum oder in Kleingruppen erzählen die TN, worüber sie sich das letzte Mal im Restaurant beschwert haben. Wie hat der Kellner reagiert? | |
| 9 PA | Die TN erhalten einen Würfel sowie zwei Spielfiguren und spielen zu zweit. Der TN, dessen letzte Mahlzeit am längsten her ist, beginnt, denn er ist am hungrigsten. Er würfelt und zieht seine Figur. Er ist der Gast und agiert entsprechend seines Feldes. Die Partnerin / Der Partner spielt die Kellnerin / den Kellner und antwortet. Dann würfelt der zweite TN usw. Als Hilfe teilen Sie noch einmal die Speisekarten aus dem Internet aus. | Würfel, Spielfiguren, ggf. Speisekarten |

	FORM	ABLAUF	MATERIAL	ZEIT
1	PL, GA	Die TN lesen die Vorschläge zu Luisa und dem Fest im Buch. Erklären Sie ggf. die Begriffe *Pensionierung* und *Jubiläum*. Dann sehen sich die TN das Foto an und überlegen, wer die Frau ist und was für ein Fest gefeiert wird. Sie hören als zusätzlichen Impuls, was Luisa erzählt, und beraten sich noch einmal in Gruppen über Luisa und das Fest. Jede Gruppe hält ihre Idee dazu schriftlich fest.	CD 1.29	
2	GA, PL	Die Kleingruppen spekulieren darüber, was für eine Firma die „Restlos Glücklich GmbH" ist, und halten ihre Ideen in Stichworten fest. Erinnern Sie die TN an die Formulierungen *Ich denke/meine/glaube, dass …* Die Gruppen präsentieren ihre Ideen im Plenum. Zum Abschluss kann darüber abgestimmt werden, welche Idee die wahrscheinlichste ist. Landeskunde: GmbH ist die Abkürzung für *Gesellschaft mit beschränkter Haftung*. Das ist eine Handelsgesellschaft mit festem Kapital, das als Einlage in die Firma eingebracht wird, mindestens aber 25.000 Euro. Die Gesellschaft haftet nur bis zur Summe der Einlage. Sie wird ins Handelsregister eingetragen.		
3	PA, EA, PL	a Extra: Wenn Sie die Wörter aus dem Bildlexikon einmal anders erarbeiten möchten, bringen Sie Realien mit in den Unterricht, Taschen und Rucksäcke haben sicherlich einige TN dabei. Schreiben Sie alle Wörter des Bildlexikons auf kleine Zettel und zerschneiden Sie sie so, dass je ein Buchstabe auf einem Zettel steht. Legen Sie die Zettelchen gemischt zu dem jeweiligen Gegenstand. Die TN gehen zu zweit herum und versuchen, die Wörter herauszubekommen, indem sie die Buchstaben sortieren. Als Hilfe können Sie den ersten und ggf. den letzten Buchstaben hervorheben. Da den TN von allen Wörtern zumindest Teile bekannt sind, werden viele die Lösung finden. Damit die Übung nicht zu langwierig wird, können Sie vorgeben, wann die TN zum nächsten Wort wechseln sollen. Klatschen Sie dazu einfach in die Hände. Die Paare mischen die Buchstaben wieder und gehen zu einem neuen Gegenstand. In der letzten Runde bleiben die Zettel geordnet liegen und die Lösungen werden im Plenum besprochen. Nennen Sie dabei auch die Artikel und ggf. die Pluralformen. Die TN überfliegen den Text und kreuzen an, warum der Artikel *Zehn Jahre ‚Restlos Glücklich'* heißt. Anschließend Kontrolle. Sprechen Sie dabei mit den TN über die Stellen im Text, die Hinweise auf die Lösung geben. *Lösung:* … weil die Firma „Restlos Glücklich GmbH" ihr zehnjähriges Jubiläum feiert. Die TN überfliegen den Text noch einmal und markieren alle Komposita. Machen Sie daraus ein Wettspiel. Geben Sie eine Minute Zeit dafür. Wenn Sie *Stopp* rufen, legen alle den Bleistift zur Seite und zählen die Komposita. Wer hat die meisten gefunden? Wiederholung: Verteilen Sie die Kopiervorlage. Die TN korrigieren die Komposita aus dem Textauszug und ergänzen die Regel. Anschließend Kontrolle.	Gegenstände des Bildlexikons, Zettel, KV L11|3a	

UNTERRICHTSPLAN LEKTION 11

	EA, PL, (GA)	b Die TN lesen den Zeitungsartikel noch einmal genau und ordnen die Halbsätze zu. Anschließend Kontrolle.	KV L11|3b

Lösung: 2 Produkte aus Müll her. 3 Gebrauchsgegenstände, Mode und Möbel. 4 die Produkte in der Werkstatt, auf Messen und im Internet kaufen. 5 in den letzten zehn Jahren stark gewachsen.

Greifen Sie die Frage vom Lektionseinstieg auf. Die TN erklären mit eigenen Worten, was für eine Firma das ist, was sie macht, wer Luisa ist und was gefeiert wird. Das kann im Plenum besprochen werden. Alternativ können Sie die Fragen an der Tafel vorgeben. Die TN erarbeiten in Kleingruppen schriftlich Antworten, dabei sind die Bücher geschlossen. Anschließend Besprechung im Plenum.

Wiederholung: Verteilen Sie die Kopiervorlage. Die TN ergänzen die Konjunktionen *weil, dass* und *deshalb* und ergänzen die Regel. Sie korrigieren anhand des Textes im Buch selbst oder tauschen mit einem anderen TN. Anschließend gemeinsame Kontrolle. Diese Aufgabe bietet sich auch zu einem späteren Zeitpunkt als Wiederholung an.

4	GA, PL, EA	Die TN diskutieren in Kleingruppen über die Fragen im Buch. Zur Vorbereitung erhält jede Kleingruppe genügend Kärtchen, um auf je ein Kärtchen ein Redemittel aus dem Kommunikationskasten zu notieren. Bei der Diskussion liegen die Kärtchen offen auf dem Tisch. Benutzt ein TN ein Redemittel, nimmt er das entsprechende Kärtchen an sich. Am Ende der Diskussion sollte kein Kärtchen mehr in der Mitte liegen. In einer Abschlussrunde stellen die TN kurz die Ergebnisse ihrer Gruppe vor. Alternativ können Sie auch über die Fragen abstimmen lassen. Geben Sie dazu für a die Alternativen *gut, es geht, nicht gut* und für b und c *ja, nein* und *weiß nicht* vor.	Blanko-Kärtchen

Extra: Die TN halten ihre Meinung zu Luisas Idee in einem kleinen Text fest. Sammeln Sie die Texte ein und korrigieren Sie sie. Besprechen Sie Fehler, die häufig gemacht worden sind, indem Sie einige Fehlersätze mit den TN gemeinsam an der Tafel korrigieren oder eine Kopie mit solchen Sätzen erstellen, die die TN zunächst zu zweit besprechen. Bei Zeitdruck können Sie diese Aufgabe als Einzelaufgabe auf die Lernplattform verlagern. Lassen Sie die TN einen Text schreiben, der mit dem Korrekturmodul automatisch korrigiert wird.

Tipp: Lenken Sie die Textproduktion durch Fragen, die durchaus auch provokativ sein dürfen (hier z.B.: *Wie finden Sie die Produkte? Was denken Sie, kaufen viele Leute so etwas? Würden Sie so etwas kaufen? Würden Sie so etwas verschenken? Würden Sie gern bei Luisa arbeiten? Warum (nicht)? Tut Luisa wirklich etwas für die Umwelt oder sind ihre Produkte nur neuer Müll?*). So können die TN sich an den Fragen „entlanghangeln", durch die Beantwortung entsteht ein kleiner Text. Das hilft nicht nur lernungewohnten TN, sondern leitet alle an, allmählich mehr und detaillierter zu schreiben. Alternativ oder zusätzlich kann vorgegeben werden, dass die TN (mindestens) einmal *dass, weil* und *deshalb* benutzen sollen.

		Fragen Sie die TN als Übergang zu Aufgabe 5, ob sie schon einmal Waren aus wiederverwertetem Material gekauft haben und ob es so etwas in ihrem Heimatland gibt (Inlandskurse) / im eigenen Land gibt (heterogene Kurse).	
		Moodle-Tipp: Die TN schreiben einen Beitrag ins Forum zu diesen Fragen: *Kaufen Sie Second-Hand-Waren? Warum (nicht)? Gibt es in Ihrem Land Second-Hand-Läden? Wie finden Sie die Idee Second-Hand-Laden?* Die TN kommentieren mindestens zwei Beiträge.	
5	GA	Zeigen Sie noch einmal die Realien aus dem Bildlexikon und wiederholen Sie damit die Materialien, aus denen Produkte sein können, indem Sie fragen: *Woraus ist der Notizblock? (Aus Papier.)* usw. Die TN schlagen die Aktionsseite auf und beraten in Kleingruppen, woraus die abgebildeten Produkte sind. Sie kontrollieren die Lösung selbstständig. Zusätzlich können sie überlegen, welches Material man außerdem für welches Produkt wiederverwenden könnte. Bei Interesse können die TN auch im Internet recherchieren und Produkte im Plenum vorstellen.	Gegenstände des Bildlexikons
6	EA, PL	a Die TN lesen zuerst die Aussagen zum Text, dann lesen sie das Interview mit Luisa und kreuzen an. Anschließend Kontrolle.	
		Lösung: richtig: 3, 5	
	EA, PL, PA	b Die TN lesen die Beispielsätze und ordnen zu. Dann vergleichen sie ihre Lösung mit dem Text und ergänzen die Tabelle im Grammatikkasten. Anschließend gemeinsame Kontrolle.	Beispielsätze
		Lösung: Erinnern Sie sich noch an Ihre ersten Produkte? Über so etwas freue ich mich natürlich besonders. Nein, ich ärgere mich überhaupt nicht. Grammatikkasten: (von oben nach unten) mich, sich	
		Erklären Sie die reflexiven Verben mithilfe eines Tafelbilds. Geben Sie auch Beispiele für Fragen und Sätze mit Modalverben. Schreiben Sie einige Beispiele an die Tafel und markieren Sie die Pronomen. Um den Unterschied zwischen reflexiv und Objekt aufzuzeigen, geben Sie ein Beispiel zu *fühlen: Ich fühle mich prima.* im Gegensatz zu *Ich fühle die Temperatur vom Badewasser.*	
		Luisa erinnert sich an die ersten Produkte. *Fühlst du dich prima?* *Ich kann mich nicht über den Mann ärgern.*	
		Achtung: Es gibt zwei Arten von reflexiven Verben: solche, die immer reflexiv sind (*sich beeilen, sich kümmern* …), und solche, die rückbezüglich auf das Subjekt sein können oder sich auf ein Objekt beziehen (*sich erinnern, jemand anderen erinnern*). Gehen Sie darauf nur auf Nachfrage ein. Es genügt für den Moment, wenn die TN die Beziehung des Reflexivpronomens zum Subjekt erkennen.	

UNTERRICHTSPLAN LEKTION 11

Bereiten Sie Zettel mit Beispielsätzen auch mit anderen, den TN schon bekannten Verben vor (siehe Grammatikübersicht am Ende der Lektion). Schneiden Sie die Sätze vor dem Reflexivpronomen auseinander. Verteilen Sie die Halbsätze an die TN, die dann das Gegenüber mit dem passenden Halbsatz suchen. Machen Sie zum Einschleifen ruhig mehrere Durchgänge, denn die TN erhalten immer andere Sätze. Im letzten Durchgang liest ein TN seinen Satzanfang vor. Wer das passende Satzende hat, liest es vor. Die anderen kontrollieren. Dann liest ein weiterer seinen Satzanfang usw.

Moodle-Tipp: Die TN stellen einander (mit reflexiven Verben) Fragen im Wiki und antworten. Der erste fragt z.B.: *Wie fühlst du dich heute?* Ein beliebiger Kursteilnehmer antwortet und stellt die nächste Frage.

Extra: Die TN spielen zu zweit das Interview mit Luisa nach. Ein TN liest die Fragen, der andere antwortet sinngemäß und frei. Anschließend tauschen die TN die Rollen. Lerngewohnte TN schreiben zusätzlich ein Interview mit einer begeisterten Stammkundin von Luisa und spielen es im Plenum vor. Zur Anregung sammeln Sie zuerst einige mögliche Fragen an der Tafel: *Erinnern Sie sich an Ihr erstes Produkt? Haben Sie sich auch schon einmal geärgert? Verschenken Sie die Sachen an Freunde?* usw.

7	GA, PL	Die TN schlagen die Aktionsseite auf. Vergewissern Sie sich, dass die TN alle Aktivitäten kennen. Sie arbeiten zu viert und üben die Verben zunächst mit Pantomime. Dann bewegen sie sich frei im Raum und befragen andere TN. Es darf nur dann ein Name in die Tabelle eingetragen werden, wenn die Aktivität und die Häufigkeitsangabe übereinstimmen, z.B. *sich freuen* und *oft* oder *sich ärgern* und *manchmal*. Ärgert die gefragte Person sich nie, kann ihr Name nicht eingetragen werden. Wer zuerst drei Namen waagerecht, senkrecht oder diagonal gefunden hat, ruft *Bingo* und hat das Spiel gewonnen. Anschließend können die TN über ihre Notizen sprechen. Eine Person stellt sich in die Mitte eines Kreises. Alle sagen, was sie über diese Person notiert haben. Alternativ oder zusätzlich bearbeiten die TN die Variante wie im Buch angegeben.	KV L11|7, Spielfiguren, Würfel, ggf. Münzen
		Extra: Verteilen Sie die Kopiervorlage. Die TN spielen in Kleingruppen nach den Regeln auf der Kopiervorlage und bilden Sätze zu reflexiven und anderen Verben. Als Variante decken die TN die Felder, zu denen bereits etwas gesagt worden ist, mit einer Münze ab. Sie werden beim Weitergehen nicht mehr mitgezählt. Wenn keine Felder mehr übrig sind, werden bei der nächsten Runde die Felder wieder nach und nach aufgedeckt, bis alle Felder aufgedeckt sind. Jetzt werden nur die Felder gezählt, die bedeckt sind.	
8	EA, PA, PL	a Die TN ergänzen die Kommentare im Online-Gästebuch. Sie vergleichen ihre Lösungen zunächst zu zweit. Anschließend gemeinsame Kontrolle. *Lösung:* links: Glückwunsch, Jubiläum, gratulieren, freuen; rechts: Gute, bedanken, wünschen, viel Erfolg	

EA/ PA, PL	b Die TN schreiben allein oder zu zweit einen eigenen Beitrag für das Online-Gästebuch. Alternativ können die TN ihren Beitrag auch auf der Lernplattform (Moodle) einstellen.
	Die TN überlegen, wozu man noch gratuliert. Legen Sie anschließend einige Feiern mit TN aus dem Kurs fest, z.B. *Jeremy feiert seinen zwanzigsten Geburtstag, Carola und Tim heiraten* usw. Die TN suchen sich allein oder zu zweit ein Fest aus und schreiben einen Glückwunsch. Die TN/Paare tauschen die Glückwünsche und korrigieren sie. Lassen Sie sie gern zwei- oder dreimal korrigieren, bevor Sie die Texte einsammeln und Ihrerseits korrigieren. Hängen Sie die Glückwünsche abschließend zur Ansicht für alle aus.
	Moodle-Tipp: Diese Aufgabe kann auch auf die Lernplattform verlagert werden. Jeder TN schreibt einem anderen (am besten vorher zugeordneten) einen Glückwunsch. Den Anlass kann sich jeder TN aussuchen. Ideal ist es, diese Aufgabe im Forum anzulegen oder direkt als Nachricht über Moodle zuzuschicken. Allerdings haben Sie bei der zweiten Variante keine Kontrollmöglichkeit.
	Extra: Die schreiben ein Lob oder einen Dank für einen anderen TN. Damit keiner leer ausgeht, schreiben die TN ihre Namen auf Zettel, die eingesammelt und neu verteilt werden. Jeder schreibt ein Lob und gibt es demjenigen. Geben Sie ein paar Formulierungshilfen: *Ich danke dir für …; Ich bedanke mich für …; Es ist super/schön, dass …; (Ich finde es) Toll, dass du …; Ich freue mich, dass …* Auch diese Aufgabe kann ggf. ins Forum der Lernplattform verlagert werden.

UNTERRICHTSPLAN LEKTION 12

	FORM	ABLAUF	MATERIAL	ZEIT
1	EA, PA, PL, GA		Einstiegs-foto (Folie/IWB)	

1 EA, PA, PL, GA

Wiederholung: Zeigen Sie das Foto (wenn möglich nur den Ausschnitt „Tisch mit Lebensmitteln" ohne die Personen). Alternativ sehen sich die TN das Bild im Buch an. Sie betrachten das Foto eine Minute lang konzentriert. Dann klicken Sie das Bild weg bzw. die TN schließen die Bücher. Sie notieren eine Minute lang, welche Lebensmittel sie sich merken konnten. Die Liste wird mit der Partnerin / dem Partner getauscht, die/der nun die Artikel ergänzt. Wer hat die längste Liste? Diese wird vorgelesen. Die anderen kontrollieren anhand des Fotos im Buch, ob die Lebensmittel tatsächlich zu sehen sind.

In Kleingruppen sprechen die TN über das Foto und spekulieren über die Situation. Fragen Sie, warum die Familie ihre Lebensmittel auf den Tisch gestellt hat.

Extra: Wenn Sie weiteren Wortschatz zu Lebensmitteln aktivieren wollen, schreiben die TN in Kleingruppen alle Buchstaben des Alphabets untereinander auf einen Zettel. Dann notieren sie zu möglichst vielen Buchstaben mindestens ein Lebensmittel, höchstens aber drei.

2 PL, PA, GA

Klären Sie zunächst die Begriffe *(Ess-)Gewohnheiten* und *Durchschnitt*. Die TN lesen zu zweit die Sätze und überlegen, was richtig sein könnte. Dann hören sie die Reportage und kreuzen an. Anschließend Kontrolle.

Lösung: a auf ein Foto; b in Deutschland; c vier Personen; d in einer Woche

Wiederholen Sie kurz die Steigerung der Adjektive *gern, gut, viel, wenig*, evtl. auch *häufig, lecker*. Fragen Sie einige TN exemplarisch, was sie am wenigsten essen. Fragen Sie auch, was ein TN lieber/häufiger/… isst, Bananen oder Orangen. Bei Bedarf halten Sie Ihre Beispielfragen und die Antworten an der Tafel fest. Dann befragen die TN sich in Kleingruppen zu den Lebensmitteln auf dem Einstiegsfoto.

> Was isst/magst/trinkst/kaufst du am wenigsten / am liebsten?
> Was isst/magst/trinkst/kaufst du häufiger/lieber: … oder …?
> Isst/Magst/Trinkst/Kaufst du mehr … oder mehr …?
> …

Material: CD 1.30

Extra: Die TN machen ein Foto von ihrem Wocheneinkauf und drucken das Foto aus. Im Kurs berichten sie in Kleingruppen, was sie gekauft haben und wofür sie es gekauft haben, z.B. für eine Party oder ein bestimmtes Gericht usw. Das kann auch im Laufe oder am Ende der Lektion als Wiederholung gemacht werden.

Moodle-Tipp: Diese Aufgabe kann auch als Aktivität auf die Lernplattform verlagert werden. Die TN listen ihre Einkäufe im Glossar auf und laden ein Foto dazu hoch.

3	PL, EA	a Fragen Sie die TN, was sie über die Ess- und Trinkgewohnheiten der Deutschen wissen bzw. denken. In Kursen mit TN aus verschiedenen Ländern kann auch nach Ursprungsländern differenziert werden: Welche Meinung herrscht in verschiedenen Ländern über das deutsche Essverhalten, welche Klischees existieren? Verifizieren Sie nichts durch entsprechende Nachfragen! Dann lesen die TN die Beispiele und kreuzen an. Anschließend Vergleich im Plenum durch Abstimmung per Handzeichen.		
	EA, PL	b Die TN überfliegen den Text, wobei sie sich auf Informationen konzentrieren, die ihre Vermutungen bestätigen bzw. widerlegen. Anschließend Kontrolle. *Lösung:* Die Deutschen essen viele Getreideprodukte, zum Beispiel Brot und Müsli.		
	EA, PL	c Weisen Sie vor dem genauen Lesen auf den Infokasten hin und besprechen Sie die Vergleichsangaben. Die TN lesen dann den Text und kreuzen an. Anschließend Kontrolle. *Lösung:* 1 falsch; 2 falsch; 3 richtig; 4 richtig; 5 richtig; 6 falsch; 7 falsch Schreiben Sie *etwa halb so viel, etwas mehr als die Hälfte, fast alle* an die Tafel und fragen Sie die TN, welche Zahlen aus dem Text dazu passen (Zeile 13: 53 g, Zeile 25: 54 %, Zeile 22: 87 %). Ergänzen Sie auch *ein Viertel* (25 %), *drei Viertel* (75 %) und *ein Drittel* (33 %). Machen Sie eine kleine Umfrage zu den Essgewohnheiten im Kurs und halten Sie das Ergebnis in einer Tabelle an der Tafel fest. |	ja	nein	weiß nicht
---	---	---	---
jeden Tag ca. 100 g Fleisch	IIII	III	
einmal am Tag Brot essen			
täglich 1,5 l Wasser trinken			
...			| Nach der Abstimmung versprachlichen die TN zunächst im Plenum die Tabelle mithilfe des Infokastens und der weiteren Angaben an der Tafel. Zusätzlich schreiben sie einen Text über die Tabelle.		
4	EA	a Die TN wählen drei Satzanfänge und ergänzen ihre Meinung zum Text.		
	PL, GA, EA	b Weisen Sie die TN auf den Kommunikationskasten hin, vor allem auf die Reaktionen in der rechten Spalte. Bitten Sie je einen TN, einen seiner Sätze aus a vorzulesen. Ein anderer versucht eine Reaktion mit einem Redemittel aus der rechten Spalte. In Kleingruppen sprechen die TN über ihre Ergebnisse aus a und vergleichen mit ihrem Heimatland. Extra: Verteilen Sie die Kopiervorlage. Die TN ergänzen die Sätze zu Essgewohnheiten in ihrem Heimatland (in heterogenen Kursen). Auch in homogenen Kursen sollten die TN diese Kopiervorlage einmal ausfüllen, um sich die Essgewohnheiten des Heimatlandes bewusst zu machen. Es erleichtert das anschließende vergleichende Gespräch.	KV L12|4b	

UNTERRICHTSPLAN LEKTION 12

5	EA/ PA, PL	a Die TN überlegen zunächst allein oder zu zweit, wer was sagt, und notieren mit Bleistift. Dann hören sie die Äußerungen so oft wie nötig, notieren die Lösung und vergleichen mit ihren Vermutungen. Anschließend Kontrolle. *Lösung:* (von oben nach unten) H, P, A, N, A, P, H Fragen Sie, welche Äußerung(en) die TN überrascht hat/haben, was sie genauso erwartet haben. Warum?	CD 1.31–34
	EA, PL, GA	b Die TN lesen die Sätze aus a noch einmal und ergänzen den Grammatikkasten. Anschließend Kontrolle. *Lösung:* Wenn es warm ist, (dann) essen wir meist Salat. Wenn es schnell gehen muss, (dann) gibt es auch mal eine Pizza. Wir essen meist Salat, wenn es warm ist. Es gibt auch mal eine Pizza, wenn es schnell gehen muss. Schreiben Sie zusätzlich die Wörter der ersten beiden Sätze auf Zettel. Verteilen Sie die Zettel des ersten Satzes an verschiedene TN, die sich in der richtigen Reihenfolge aufstellen („lebende Sätze"). Lassen Sie Haupt- und Nebensatz umstellen. Verfahren Sie mit dem zweiten Satz ebenso. Erklären Sie, dass die Konjunktion *wenn* einen Nebensatz einleitet, das Verb steht am Ende. Der Nebensatz mit *wenn* nennt eine Bedingung, die erfüllt sein muss, damit das, was im Hauptsatz gesagt wird, eintritt. Verdeutlichen Sie mithilfe eines Tafelbildes die Satzstellung. Steht der Nebensatz an erster Stelle, so zählt er als erstes Satzglied, hat also die Position 1 inne. Das Verb des Hauptsatzes folgt dann unmittelbar an den Nebensatz (Position 2). Wird der Hauptsatz mit *dann* eingeleitet, was möglich, aber nicht notwendig ist, steht *dann* auf Position 2. > Wenn es warm ist, essen wir meist Salat. > Position I II > > Wenn es warm ist, dann essen wir meist Salat. > Position I II > > Wir essen meist Salat, wenn es warm ist. > II Die TN schreiben die anderen *wenn*-Sätze aus a mit jeweils vertauschter Stellung von Haupt- und Nebensatz auf. Schnelle TN schreiben weitere Sätze, in denen sie beschreiben, was sie selbst tun: *wenn Gäste/Freunde kommen / wenn es warm ist / wenn ich mir abends einen Film ansehe / wenn es schnell gehen muss / wenn ich Geburtstag habe.* Zur Kontrolle schreiben einige TN ihre Sätze an die Tafel.	Sätze auf Zetteln, KV L12|5b

		Extra: Die TN arbeiten in Kleingruppen. Jede Kleingruppe erhält zunächst nur einen Satz der grauen *wenn*-Kärtchen der Kopiervorlage. Die Kärtchen werden gemischt und verdeckt ausgelegt. Der erste TN deckt ein Kärtchen auf und vervollständigt den Satz mit einem eigenen Beispiel. Ist der Satz korrekt, darf er das Kärtchen behalten, ist der Satz falsch, wird das Kärtchen wieder umgedreht. Der nächste TN deckt ein Kärtchen auf usw. Für eine zweite Runde erhalten die Kleingruppen einen Satz der weißen Kärtchen, die unter die grauen gemischt werden. Die TN spielen nach denselben Regeln.
6	EA, GA, PL	Die TN schlagen die Aktionsseite auf. Erklären Sie *sparen*, *preiswert*, *vegetarisch*, *Diät*. Dann füllt jeder TN die Tabelle für sich selbst aus. Danach befragen die TN sich zu dritt und notieren die Antworten. Anschließend Kursgespräch: Die TN berichten über ihre Partner. Zusätzlich können sie das Ergebnis ihrer Gruppe schriftlich festhalten.
7	PL, GA, EA	Die Bücher sind geschlossen. Fragen Sie mehrere TN hintereinander, wann oder wie oft sie Fleisch essen. Notieren Sie die Angaben der Zeit und der Häufigkeit untereinander an der Tafel. Fragen Sie die TN nach weiteren Angaben (*abends, jeden Tag, einmal pro Woche* usw.), die Sie ebenfalls notieren. Sobald die TN das Prinzip verstanden haben, befragen sie sich in Kleingruppen.
		Die Bücher werden geöffnet. Die TN ergänzen den Fragebogen, wobei sie auch genauere Angaben zu Zeit, Anlass usw. notieren. In Kleingruppen unterhalten sich die TN über ihre Essgewohnheiten nach dem Muster im Buch. Zusätzlich schreiben sie als Hausaufgabe einen Text über ihre Essgewohnheiten.

UNTERRICHTSPLAN MODUL-PLUS 4

Lesemagazin

	FORM	ABLAUF	MATERIAL	ZEIT
1	PL, EA, GA	Sprechen Sie mit den TN darüber, wie sie normalerweise eine Internetseite mit viel Text/Inhalt lesen. Stellen Sie dazu konkrete Fragen: *Lesen Sie die ganze Seite, jedes Wort? Was lesen Sie / Was sehen Sie sich an, um zu erfahren, worum es auf der Seite geht? Was lesen Sie dann tatsächlich genau?* Die TN lesen zuerst die Aussagen zur Aufgabe. Dann versuchen sie, diese Informationen dem „Blog" möglichst schnell zu entnehmen, und kreuzen an. Sagen Sie den TN, dass sie die Seite dazu keinesfalls genau lesen sollten, sondern so, wie sie auch eine Internetseite in der Muttersprache überfliegen würden. Kontrolle im Plenum und ggf. kurzes Gespräch darüber, inwieweit die TN in der Lage waren, alle Antworten ohne Wort-für-Wort-Lesen zu finden. Präsentieren Sie den Text (Folie/IWB) und fragen Sie, welche Stichwörter, Bilder usw. ausreichen, um die gesuchte Information zu bekommen. Markieren Sie sie. Für die erste Aussage reichen z.B. die Wörter *Tagesrezept* und *„gesunder"* Blog aus, um Aussage a als falsch zu erkennen. *Lösung:* richtig: b, c, e Extra: Die TN arbeiten in Kleingruppen und sammeln weitere Fragen zum Text. Dann stellen sie einer anderen Gruppe ihre Fragen. Der TN, der am schnellsten antwortet, bekommt ein Streichholz. Wer hat zum Schluss die meisten Streichhölzer?	Text auf Folie/ IWB, Streichhölzer	
2	PL	Die TN berichten, ob sie solche Seiten nutzen und auf welchen Seiten sie sich regelmäßig oder häufig informieren. Extra: Die TN drucken zu Hause eine Internetseite aus, die sie besonders häufig nutzen, und stellen sie anhand von Leitfragen vor: Was für Informationen gibt es auf der Seite? Was ist für den TN besonders interessant? Wie lange nutzt er die Seite schon und wie hat er sie kennengelernt? Verteilen Sie die Präsentation ggf. auf mehrere Tage, damit alle aufmerksam bleiben.	Ausdrucke von Blogs/ Infoseiten	

Film-Stationen

	FORM	ABLAUF	MATERIAL	ZEIT
1	PL	a Die TN lesen die Aussagen. Dann sehen sie den Anfang des Films und kreuzen an. Anschließend Kontrolle. *Lösung:* 1 … der Herd funktioniert nicht. Deshalb gehen Lena und Christian mit ihren Gästen in ein Restaurant. 2 … sie Lena und Christian ihr Lieblingsrestaurant zeigen können.	Clip 4	

	PL	b Zunächst lesen die TN wiederum die Sätze im Buch. Klären Sie ggf. den Begriff *Lammfleisch*. Dann sehen die TN den Film weiter (bis 3:50) und ergänzen. Anschließend Kontrolle. *Lösung:* 1 Reis; 2 Lammfleisch, Reis; 3 Suppe, Fisch; 4 Tomaten, Fisch Stellen Sie weitere Fragen zum Film: *Was bestellt Christian als Aperitif (viermal Sekt)? Was sind Sonderwünsche der Gäste (Sekt mit Orangensaft, Salat ohne Tomaten)? Wo bietet der Kellner Alternativen an (Reis oder Kartoffeln)?*	Clip 4	
	PL, PA	c Fragen Sie die TN, ob sie Allergien haben, etwas nie essen (aus religiösen Gründen oder weil sie es nicht mögen), Vegetarier/Veganer sind, keinen Alkohol trinken, keine Milchprodukte essen dürfen usw. Präsentieren Sie eine möglichst vielseitige Speisekarte, z.B. aus dem Internet. Die TN sehen sie zu zweit durch nach Speisen, die sie nicht essen können oder wollen. Fragen Sie dann exemplarisch einige TN nach ihren Sonderwünschen. Extra: Die TN schreiben mithilfe der Speisekarte eine Bestellung auf, in der sie ihre Sonderwünsche formulieren (*Ich hätte gern den Salat des Hauses, aber ohne Thunfisch.*). Anschließend im Plenum Rollenspiel, indem ein TN die Kellnerin / den Kellner spielt und der andere bestellt.	Speisekarten	
2	EA, PL	Die TN ordnen die Sätze zu. Dann sehen sie den Film noch einmal von Anfang bis zum Ende und vergleichen ihre Lösungen. Anschließend Kontrolle. *Lösung:* b das Restaurant so leer ist. c sie so lange auf den Kellner warten müssen. d der Kellner den Sekt verschüttet. e den Sekt ohne Orangensaft. f der Kellner sie zu einem Getränk einladen möchte. g den Gästen. h er sich Sorgen gemacht hat. i er einen Sohn bekommen hat.	Clip 4	

Projekt Landeskunde

	FORM	ABLAUF	MATERIAL	ZEIT
1	EA, PL	Die TN lesen die Restaurantkritik und ergänzen die Tabelle. Anschließend Kontrolle und Gelegenheit zu Wortschatzfragen. *Lösung:* Essen: ein Traum, empfehlenswert, es schmeckt super; Atmosphäre: charmant, entspannt; Service: ganz gut, Kellner sind sehr freundlich und hilfsbereit, aber nicht sehr schnell; Preis: nicht besonders preiswert Die TN berichten, welche der genannten Bewertungskriterien ihnen bei der Wahl eines Restaurants besonders wichtig sind, welche eher unwichtig? Gibt es noch andere Kriterien, die für sie eine Rolle spielen, z.B. Musik, Lage (zentral, Parkplätze …), Gäste. Fragen Sie die TN, ob sie Foren im Internet zur Information nutzen, bevor sie ein Restaurant aufsuchen (erweiternd auch: zur Entscheidung über ein Urlaubshotel oder ein Produkt, das sie gern kaufen möchten).		
2	GA	a Die TN einigen sich in Kleingruppen auf ein Restaurant am Kursort und diskutieren über die Bewertung. Sie ergänzen für dieses Restaurant die Tabelle.		

UNTERRICHTSPLAN MODUL-PLUS 4

PL, GA	b Die Gruppen präsentieren ihr Restaurant im Kurs mithilfe der Stichpunkte ihrer Tabelle. Zusätzlich schreiben sie eine ausführliche Restaurantkritik wie in 1. Dazu können auch Bilder aus einem Prospekt ausgeschnitten oder vom Internetauftritt des Lokals ausgedruckt werden. Vervielfältigen Sie den Restaurantführer, sodass jeder TN einen erhält.

Extra: Der Kurs einigt sich auf ein Restaurant und geht gemeinsam essen. Sprechen Sie danach noch einmal über die Bewertung: War sie für alle stimmig oder würde jemand eine andere Bewertung geben?

Ausklang

	FORM	ABLAUF	MATERIAL	ZEIT
1	EA/ PA, PL	Die TN lesen den Text und ergänzen die Konjunktionen. Ungeübtere TN können das zu zweit machen. Erinnern Sie ggf. daran, dass *wenn* und *dass* Nebensätze einleiten, in denen das Verb am Ende steht. *Denn* und *und* stehen auf der Position 0. Mit *und* können auch Nebensätze aneinandergereiht werden. Die TN hören das Lied und vergleichen. *Lösung:* (von oben nach unten) 1 dass, und, dass, und, wenn, wenn; 2 dass, dass, wenn, dass, dass, wenn, denn, wenn Lassen Sie die TN darüber spekulieren, was *keinen Sixpack haben* bedeutet (hier: nicht viele Muskeln haben). Fragen Sie auch, was sie über die Redewendung *Liebe geht durch den Magen* denken. Kennen sie andere Wendungen über die Liebe? Diese können in sprachhomogenen Kursen auch in der gemeinsamen Sprache besprochen werden.	CD 1.35	
2	EA, PL, GA	Geben Sie den TN etwas Zeit, um das Lied mehrmals laut zu lesen, damit schwierig auszusprechende Wörter beim anschließenden Singen leichter über die Lippen gehen. Dann hören die TN das Lied noch einmal und singen mit. Dabei singen die Männer die erste Strophe und den Refrain, die Frauen die zweite Strophe und den Refrain. Extra: Die TN schreiben in Kleingruppen zwei neue Strophen, in denen die Rollen getauscht werden: Die Frau ist keine Traumfrau, aber sie kocht gern und der Mann ist derjenige, der isst. Dabei sollten die TN nicht nur die Personenendungen ändern, sondern auch neue Beispiele finden. Anschließend werden die neuen Strophen vorgesungen oder vorgelesen. Wer Spaß am Ausprobieren und Dichten hat, kann auch einen Hund / eine Katze und sein Herrchen/Frauchen für die Umdichtung wählen: Herrchen/Frauchen sieht nicht toll aus, aber das Futter ist erstklassig.	CD 1.35	

Lektion 1 1

Domino

mein Bruder	die Tochter von Omas Tochter
ihre Enkelin	Vater und Mutter zusammen
meine Eltern	meine zwei Brüder und meine Schwester
meine Geschwister	Ich habe ein Kind.
meine Tochter	die Mutter von meiner Mutter
meine Großmutter	die Kinder von Omas Sohn
ihre Enkel	der Vater von meiner Mutter
mein Opa	Ich habe zwei Kinder.
meine Söhne	der Sohn von Omas Sohn
ihr Enkel	Sabine ist verheiratet mit Frank.
ihr Ehemann	mein Vater, meine Mutter, meine Geschwister
meine Familie	der Sohn von meiner Mutter

KOPIERVORLAGE

Lektion 1   3a

Verwandtschaft

1   Sehen Sie den Stammbaum an und ergänzen Sie: Das ist/sind Lydias …

der Onkel

die Schwiegermutter   der Schwiegervater

die Schwiegereltern

Lydia   die Cousine   der Schwager   die Schwägerin

die Nichte   der Neffe

2   Sehen Sie sich den Stammbaum an. Wer ist das? Ergänzen Sie.

a   Der Vater von Lydias Mann ist ihr _____.

b   Der Bruder von Lydias Mann ist ihr _____.

c   Der Sohn von Lydias Schwager ist ihr _____.

d   Die Tochter von Lydias Tante ist ihre _____.

e   Die Ehefrau von Lydias Schwiegervater ist ihre _____.

   Zusammen sind sie ihre _____.

f   Der Ehemann von Lydias Tante ist ihr _____.

Lösung: 1 (von oben nach unten) die Großmutter/Oma; der Großvater/Opa; die Großeltern; die Mutter; der Vater; die Eltern; die Tante; der (Ehe-)Mann; der Sohn; die Tochter
2 a Schwiegervater; b Schwager; c Neffe; d Cousine; e Schwiegermutter, Schwiegereltern; f Onkel

Lektion 1 3c

Das Endungen-Kartenspiel

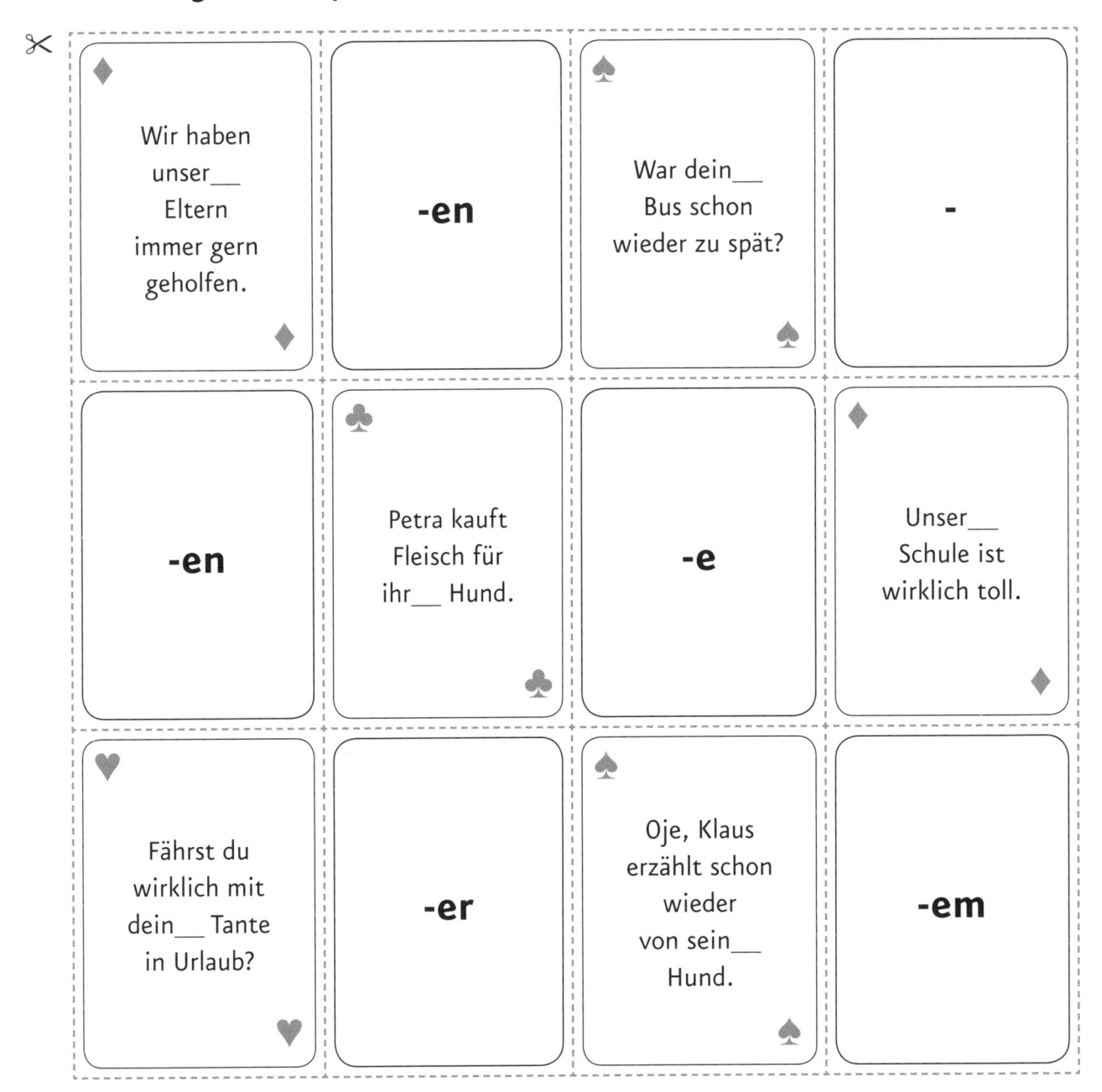

Wir haben unser__ Eltern immer gern geholfen.	**-en**	War dein__ Bus schon wieder zu spät?	**-**
-en	Petra kauft Fleisch für ihr__ Hund.	**-e**	Unser__ Schule ist wirklich toll.
Fährst du wirklich mit dein__ Tante in Urlaub?	**-er**	Oje, Klaus erzählt schon wieder von sein__ Hund.	**-em**

KOPIERVORLAGE

Können wir nicht mit eur__ Auto fahren?	**-em**	Du, ich glaube, Sigi mag dein__ Cousine.	**-e**
-	Wow, ist das euer__ Auto?	**-e**	Und guck hier, das sind unser__ Eltern.
Oje, mein__ Handy ist kaputt.	**-**	Weihnachten fahre ich nach Hause. Dann sehe ich mein__ Geschwister.	**-e**

Lektion 1   5c

Partnerspiel

Partner A
Was hat Familie Peters am Wochenende gemacht? Fragen Sie Ihre Partnerin / Ihren Partner und ergänzen Sie.

- Was hat Gerda am Sonntag gemacht?
- Am Sonntag hat sie Zeitung gelesen.

	Samstag	Sonntag
Gerda		Zeitung gelesen
Franz		
Babsi		
Jens		
Lina		
Hund Pepi		

Partner B
Was hat Familie Peters am Wochenende gemacht? Fragen Sie Ihre Partnerin / Ihren Partner und ergänzen Sie.

- Was hat Gerda am Sonntag gemacht?
- Am Sonntag hat sie Zeitung gelesen.

	Samstag	Sonntag
Gerda		
Franz		
Babsi		
Jens		
Lina		
Hund Pepi		

KOPIERVORLAGE

Lektion 2   3a

Möbel

1 Lesen Sie Jasmins E-Mail. Der Computer hat etwas durcheinandergebracht. Wie heißen die Wörter richtig?

Liebe Britta,

der Umzug ist geschafft und alle *Lömbe (1)* stehen. Die *Rlibed (2)* hängen alle an der Wand. Auch die *Melpa (3)* im Flur hat Stefan jetzt aufgehängt. Die alte *Mühlpasicnes (4)* von Tante Clara ist leider kaputt und den *Kransch (5)* haben wir weggeworfen. Er war so hässlich. Im Wohnzimmer haben wir jetzt eine *Hoccu (6)* für mich und einen *Lesess (7)* für Stefan. Einen *Tschi (8)* müssen wir noch kaufen. Aber *Ütsehl (9)* haben wir schon, auch in der Küche. Hier fehlen nur der *Sükklarnhch (10)* und der *Dreh (11)*. Das Möbelhaus liefert sie nächste Woche. Ich hoffe, auch der *Pepitch (12)* kommt dann. Puh, ich bin sehr müde und falle nur noch ins *Tebt (13)*.

Liebe Grüße
Jasmin

1 Möbel
2 ...

2 Tragen Sie die Möbel aus 1 in die Tabelle ein.

der	das	die	die (Plural)
			Möbel

Lösung: 2 die Bilder (Plural); 3 die Lampe; 4 die Spülmaschine; 5 der Schrank; 6 die Couch; 7 der Sessel; 8 der Tisch; 9 die Stühle; 10 der Kühlschrank; 11 der Herd; 12 der Teppich; 13 das Bett

Lektion 2 5c

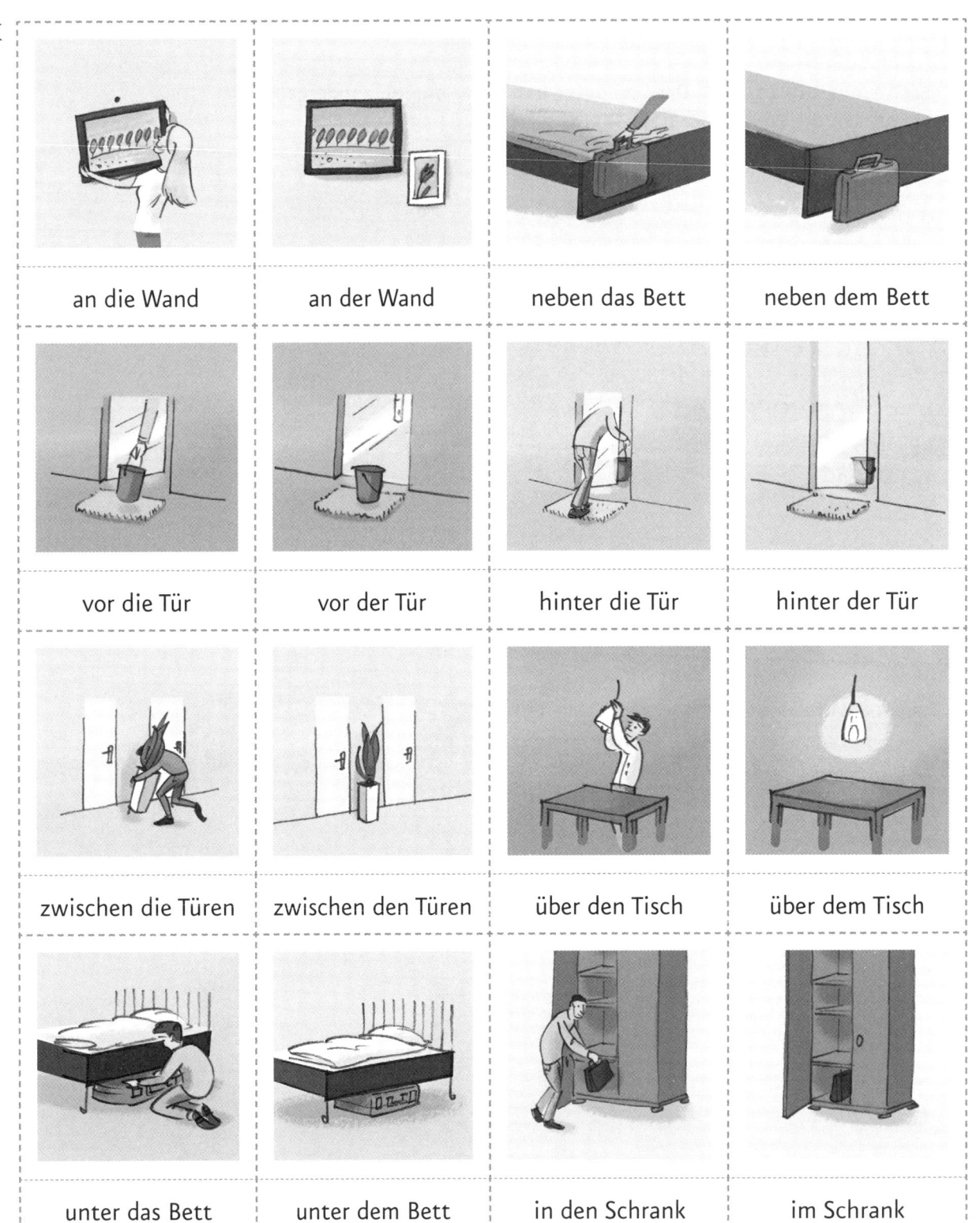

an die Wand	an der Wand	neben das Bett	neben dem Bett
vor die Tür	vor der Tür	hinter die Tür	hinter der Tür
zwischen die Türen	zwischen den Türen	über den Tisch	über dem Tisch
unter das Bett	unter dem Bett	in den Schrank	im Schrank

KOPIERVORLAGE

Lektion 2   7b

Anruf beim Einrichtungs-Tipp-Service

Sie haben ein großes Regal im Wohnzimmer. Es sieht sehr ungemütlich aus. Was tun?	Wohnzimmer – Regal – groß – ungemütlich – Was tun?
Die Küche ist ungemütlich. Was tun?	Küche – ungemütlich – Was tun?
Das Schlafzimmer ist so klein. Wie Platz sparen?	Schlafzimmer – klein – Platz sparen?
Der Flur ist sehr dunkel. Ein Kleiderschrank macht den Flur zusätzlich eng.	Flur – dunkel – Kleiderschrank: Flur eng
In Ihrer Wohnung ist alles weiß: Möbel, Wände, Böden. Zu viel Farbe mögen Sie nicht. Wie können Sie Akzente setzen?	alles weiß: Möbel – Wände – Böden – Mit wenig Farbe Akzente setzen?

Lektion 3   3a

KOPIERVORLAGE

Lektion 3 3b

Suchrätsel

Suchen Sie noch 12 Verben: senkrecht (↓) oder waagerecht (→). Ordnen Sie dann zu.

Ä	R	G	E	Z	M	A	L	E	N	V	B
S	C	H	R	E	I	B	E	N	K	E	V
R	H	A	E	I	L	U	K	H	O	R	E
E	F	M	M	C	A	C	L	U	N	A	R
N	A	K	E	H	R	H	E	I	F	N	K
O	H	Ö	R	N	M	E	T	N	S	S	A
V	R	P	Z	E	K	N	T	I	M	T	U
I	E	L	Ä	N	S	Ü	E	B	S	A	F
E	N	R	H	A	U	G	R	A	E	L	E
R	H	V	L	M	E	I	N	E	N	T	N
E	Ü	B	E	R	N	A	C	H	T	E	N
N	E	I	N	R	I	C	H	T	E	N	I

a der Maler _malen_
b der Fahrer _____
c der Erzähler _____
d der Kletterer _____
e der Verkäufer _____
f der Schreiber _____

g die Veranstaltung _____
h die Übernachtung _____
i die Buchung _____
j die Einrichtung _____
k die Zeichnung _____
l die Meinung _____
m die Renovierung _____

Lösung: b fahren; c erzählen; d klettern; e verkaufen; f schreiben; g veranstalten; h übernachten; i buchen; j einrichten; k zeichnen; l meinen; m renovieren

Lektion 3 5

Wortfeld Landschaft und Natur

Natur

Landschaft

Urlaubsaktivitäten

Tiere

KOPIERVORLAGE

Lektion 3 6b

1 Ergänzen Sie die Verben. Hilfe finden Sie im Kommunikationskasten im Buch.

~~müssen~~ | fahren | Wollen | liegt | würde | würde | finde | gefällt | buchen | Würdet | gefällt | losfahren | ist | würde | würdest

a
Hallo Tina,
ich _____ gern zum Radfahren an den Bodensee fahren. Wir _müssen_ natürlich am Ufer entlangfahren, denn sonst wird es zu anstrengend. Mir _____ das Angebot von VELO-MANN sehr gut. Was meinst Du?
Grüße
Gerd

b
Hi Gerd,
also, ich _____ das Angebot nicht so gut. Radfahren können wir hier auch. Ich würde am liebsten mit dem Kajak vom Spreewald bis nach Berlin _____. Das _____ im Trend. Ich würde am liebsten sofort _____. _____ wir das bei einem Kaffee besprechen? Morgen um 16 Uhr im *Metropol*?
Tina

c
Hi Pit, hi Ulla!
_____ Ihr gern Urlaub auf einem Öko-Wellness-Bauernhof machen? Mir _____ die Idee sehr gut. Ich _____ auch gern mitfahren, aber leider habe ich zu viel Arbeit. Die Anzeige habe ich für Euch eingescannt.
Ciao
Bastian

d
Lieber Bastian,
_____ Du wirklich Urlaub auf dem Bauernhof machen? Da ist ja nichts los. Wir würden lieber etwas mit Natur und Kultur _____. Und Ulla _____ gern Kite-Surfen lernen. Das _____ gerade total in bei ihren Kollegen. Sei nicht böse!
Bis bald
Pit

2 Schreiben Sie eine Antwort an Klaus.

Hallo …,
hier ist eine tolle Anzeige für Dich. Du willst im Urlaub doch immer etwas Neues lernen. Wie wäre es diesmal mit Kite-Surfen? Du bist den ganzen Tag am Strand, hast den Wind im Haar und tolle Surf-Mode kannst Du auch kaufen. Lies mal die Anzeige von WINDKIND.

Viele Grüße
Klaus

Lösung: 1 a würde, gefällt; b finde, fahren, liegt, losfahren, Wollen, gefällt, würde; c Würdet, würdest, würde; d würde, buchen, würde, ist

Lektion 4   1

Artikel-Domino

1 Welche Wörter zu Essen und Trinken kennen Sie auf Deutsch? Tragen Sie sie auf den Dominosteinen ein. Das Lebensmittel und der Artikel müssen <u>nicht</u> zusammenpassen!

Fleisch	der	Käse	die
Milch	das		der
	die		das
	der		die
	das		der
	die		das
	der		die
	das		der
	die		das
	der		die
	das		der
	die		das

2 Schneiden Sie die „Dominosteine" aus. Spielen Sie zu dritt: Mischen Sie alle „Dominosteine" und spielen Sie Domino.

Lektion 4 5

KOPIERVORLAGE

Lektion 4 7a

Ein Einkaufsgespräch

Wer sagt das? Notieren Sie K für Kunde/-in und V für Verkäufer/-in.
Schneiden Sie dann die Sätze aus und legen Sie ein Gespräch.

	Ich hätte gern …
	Was darf es sein?
	Möchten Sie lieber … oder …?
	Ich nehme …
	Meinen Sie … oder …?
	Dann geben Sie mir doch bitte …
	Soll es … oder … sein?
	Hier, sehen Sie mal: Die sind heute beide im Angebot.

KOPIERVORLAGE

Lektion 4 8a

Partnersuche

Ich fahre gern mit meinem klein…	**-en** Auto in die Stadt.
Meine Kinder mögen keine klein…	**-en** Autos.
Auch ein klein…	**-es** Auto bringt dich ans Ziel.
Mein Mann hat nur ein klein…	**-es** Auto.
In klein…	**-en** Autos fühle ich mich nicht sehr sicher.

Uschi kauft gern in einem groß…	**-en** Supermarkt ein.
Ich finde groß…	**-e** Supermärkte schrecklich.
Ein groß…	**-er** Supermarkt hat meistens einen großen Parkplatz.
Meine Eltern fahren jeden Samstag in einen groß…	**-en** Supermarkt.
In groß…	**-en** Supermärkten müssen wir viel zu lange suchen.

Freundlich…	**-e** Verkäuferinnen sind gut für das Geschäft.
Gestern habe ich bei einer sehr freundlich…	**-en** Verkäuferin eingekauft.
Also, ich finde, freundlich…	**-e** Verkäuferinnen sind echt selten.
Bei Kauffix gibt es keine freundlich…	**-e** Verkäuferin. Echt nicht!
Eine freundlich…	**-e** Verkäuferin hat auch freundliche Kunden.

Lektion 5 1

Kreuzworträtsel

1. dort kauft man Obst und Gemüse, aber es ist kein Laden
2. so viele Bücher kannst du nie lesen
3. das muss auch sein: dort isst man
4. dort können Kinder spielen
5. ein Besucher in der Stadt
6. der alte Teil in einer Stadt
7. dort arbeitet der „Stadt-Chef"
8. da wohnen der König und die Königin
9. dort kannst du Bilder oder sehr alte Dinge sehen
10. dort schläft man und bekommt Frühstück
11. Wiese, Bäume, Blumen und Wege mitten in der Stadt
12. man steigt die Treppe hinauf und kann sehr weit sehen
13. sehr große Kirche

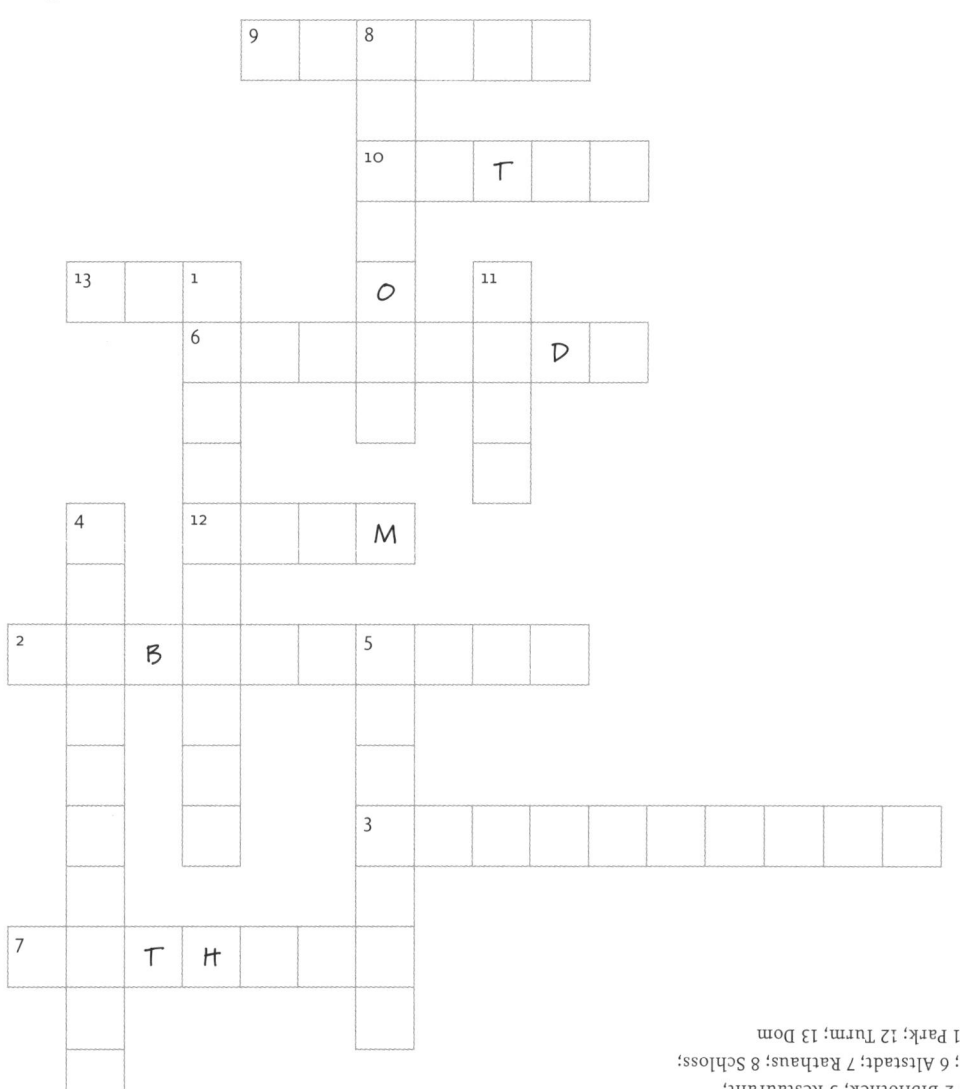

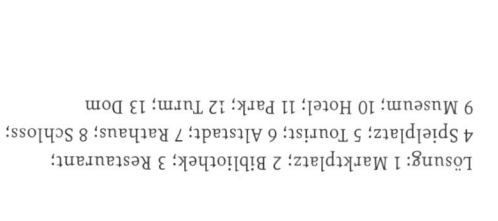

Lösung: 1 Marktplatz; 2 Bibliothek; 3 Restaurant; 4 Spielplatz; 5 Tourist; 6 Altstadt; 7 Rathaus; 8 Schloss; 9 Museum; 10 Hotel; 11 Park; 12 Turm; 13 Dom

KOPIERVORLAGE

Lektion 5 4b

Nachrichten aus Köln

A Lesen Sie die Postkarte von Melanie. Ergänzen Sie die Endungen, wenn nötig.

> Lieber Schatz!
> Viele Grüße aus „Kölle". Eine großartig__ Stadt mit nett__ Leuten und das Wetter ist wunderbar___. Leider hat unsere lieb__ Tochter gleich am ersten Tag ihre neu__ Kamera im Dom liegen lassen. Du weißt ja: Das Ding war sehr teuer__. Aber zum Glück hat ein sehr nett__ Reiseführer sie wiedergefunden und im Hotel abgegeben. Ich freue mich auf Dich und einen gemütlich__ Abend zum Erzählen.
> Einen ganz dick__ Kuss
> Melanie

B Lesen Sie Omas Brief noch einmal und ergänzen Sie.

> Mein lieber Paul,
> nun sind wir also im schönen Köln <u>angekommen</u>. Der berühmte Dom ist wirklich sehenswert. Wir haben eine Führung _____. Sogar Charlotte hat mitgemacht und dem netten Reiseführer ein Loch in den Bauch _____. Das bunte Richter-Fenster hat mir nicht so gut _____. Es _____ mir zu abstrakt. Besonders gut haben mir das Römisch-Germanische Museum und das Museum Ludwig gefallen. Du _____: Wir haben schon viele Sehenswürdigkeiten _____. Aber der Höhepunkt _____ noch auf uns: eine Schifffahrt auf dem Rhein! Das _____ bestimmt toll! Denn Du weißt ja: Eine Rheinfahrt, die _____ lustig, eine Rheinfahrt, die ist schön …
>
> Liebe Grüße
> Deine Jutta

C Lesen Sie Charlottes Nachricht noch einmal. Hier sind einige Wörter vertauscht. Finden Sie sie und ersetzen Sie sie.

> **Dom**
> Hallo Süße! Bin gerade in Köln und habe den alten ~~Club~~ besichtigt. Eigentlich langweilig, aber mit diesem Dank ein großer Spaß! Habe die neue Cola extra im Dom liegen lassen. Er hat sie gefunden und mir ins Bussi gebracht. Zum Abend habe ich ihn auf eine Kamera eingeladen. Wir sind in den besten Dom der Stadt gegangen. Das war der schönste Reiseführer der Ferien. Dickes Hotel!
> Gestern um 14:32   Antworten

Lektion 5 | 6

Adjektiv-Quartett

 **das schöne Rathaus**	 **das alte Rathaus**	 **das berühmte Rathaus**	 **das moderne Rathaus**
alt	berühmt	modern	schön
berühmt	modern	schön	alt
modern	schön	alt	berühmt

 **der teure Supermarkt**	 **der billige Supermarkt**	 **der große Supermarkt**	 **der neue Supermarkt**
billig	groß	neu	teuer
groß	neu	teuer	billig
neu	teuer	billig	groß

 **die kleine Kirche**	 **die schöne Kirche**	 **die bekannte Kirche**	 **die große Kirche**
schön	bekannt	groß	klein
bekannt	groß	klein	schön
groß	klein	schön	bekannt

KOPIERVORLAGE

die kleinen Läden	**die teuren Läden**	**die billigen Läden**	**die schicken Läden**
teuer	billig	schick	klein
billig	schick	klein	teuer
schick	klein	teuer	billig

das neue Museum	**das berühmte Museum**	**das alte Museum**	**das große Museum**
berühmt	alt	groß	neu
alt	groß	neu	berühmt
groß	neu	berühmt	alt

Lektion 6 4a

Wer macht das?

1 Was ist richtig? Markieren Sie. Sind Sie schon fertig? Schreiben Sie zwei eigene Beispiele.

1 Willst du **vor/in/ab** einem Jahr heiraten?	
2 Bist du heute **ab/vor/am** sieben Uhr aufgestanden?	
3 Willst du **seit/ab/bis** nächster Woche mehr Sport machen?	
4 Ist deine Schwester / dein Bruder **über/seit/nach** zwei Jahre älter als du?	
5 Frühstückst du **am/um/im** Morgen?	
6 Fährst du **im/am/seit** Sommer in Urlaub?	
7 Übst du am Tag **über/in/nach** eine Stunde für den Deutschkurs?	
8 Gehst du heute **ab/nach/seit** dem Kurs einkaufen?	
9 Lernst du **seit/vor/über** einem Jahr Deutsch?	
10 Möchtest du **von/seit/vom** 1. Juli bis zum 30. Juli mit mir nach Wien fliegen?	
11	
12	

2 Wer macht das? Fragen Sie im Kurs und notieren Sie die Namen.

Lösung: 1 in; 2 vor; 3 ab; 4 über; 5 am; 6 im; 7 über; 8 nach; 9 seit; 10 vom

Lektion 6 4b

Das Heinz-der-Clown-Domino

Heinz hat Veronika 2002 kennengelernt.	 Die Clowns haben vor drei Minuten angefangen. 
Die Clowns spielen seit drei Minuten.	 Heinz ist seit über fünf Jahren Clown. 
Heinz arbeitet fünf Jahre und mehr als Clown.	 Morgen fährt Heinz nach Hamburg und spielt dort. 
Von morgen an arbeitet Heinz in Hamburg.	 Heinz ist seit zwei Monaten verheiratet. 
Vor zwei Monaten hat Heinz Veronika, die Tänzerin, geheiratet.	 Vom 4. Juni bis zum 6. Juli ist Heinz in Hamburg. 
Heinz ist über einen Monat in Hamburg.	 Vom 4. Juni an schläft Heinz nicht in seiner Wohnung. 
Ab 4. Juni wohnt Heinz im Hotel.	 Seit zwei Jahren arbeitet Heinz beim Zirkus Ronculli. 
Heinz arbeitet jetzt beim Zirkus Ronculli. Vor zwei Jahren hat er dort angefangen.	 Heinz kennt Veronika über 10 Jahre. 

Lektion 6 6a

Möchtest du vielleicht mitkommen?	Ja, gut. Dann treffen wir uns um … am …
Wie wäre es mit …?	Was hältst du davon?
Hast du am … Zeit?	Geht es bei dir am/um …?
Wollen wir noch einen Treffpunkt ausmachen?	Sehr nett, aber da kann ich leider nicht.
Lass uns doch …	Okay, das machen wir.
Ja okay, das passt auch.	Aber gern.
Darf ich etwas vorschlagen?	Das ist keine so gute Idee. Ich würde lieber …
Also, ich weiß nicht. Das finde ich nicht so interessant.	Willst du zu/zum/zur … mitkommen? Du hast doch gesagt, das würde dich interessieren.

etwas vorschlagen / sich verabreden	einen Vorschlag ablehnen	zustimmen / sich einigen

KOPIERVORLAGE

Lektion 7 3a

Das Zeit-Spiel

- tanzen gehen Fr oder Sa
- am Computer lernen
- aufräumen So
- Pizza backen
- einkaufen Mo und Sa
- kochen
- fernsehen
- zur Arbeit gehen
- mit den Eltern telefonieren Di und Do
- duschen
- START
- frühstücken
- lesen
- ZIEL
- schlafen und träumen
- zum Deutschkurs gehen
- Hausaufgaben machen
- mit dem Hund rausgehen
- Kuchen essen
- ins Bett gehen
- aufstehen
- joggen Di und Do
- Wäsche waschen Sa
- spülen
- einen Mittagsschlaf machen
- staubsaugen Mo und Fr
- Möbel kaufen Sa

Lektion 7   3c

Fitness- und Ernährungspoker

wir – viel Kaffee	Früchtetee	du – viele Süßigkeiten	mehr Obst und Gemüse
Sie – nicht stundenlang in der Sonne liegen	wenigstens Sonnencreme benutzen	ich – mehr trinken	dir eine große Flasche Wasser auf den Schreibtisch stellen
Sie – nicht immer mit dem Auto fahren	öfter laufen oder mit dem Rad fahren	ich – nicht hungrig einkaufen gehen	einen Einkaufszettel schreiben
ihr – nicht im Dunkeln fernsehen	eine Lampe anmachen	dein Sohn – nicht Stunden am Schreibtisch lernen	öfter mal aufstehen und im Zimmer herumgehen

KOPIERVORLAGE

Lektion 7 5

Partnerspiel

Partner A
Wo machen die Leute Sport? Fragen Sie Ihre Partnerin / Ihren Partner und notieren Sie.

- Wo spielt Manfred Badminton?
- In der kleinen Sporthalle.

Manfred Badminton? *In der kleinen Sporthalle.*	Ulrike Schule, alt	Petra Gewichtheben?	Felix Sportschule, groß
Martin rudern?	Sylvie Disco, modern	Oskar Aqua-Fitness?	Susanne Fitnessstudio, preiswert
Daniela Fußball?	Peer Park, stadtnah	Ina und Ingo Eishockey?	Rainer Golfclub, teuer
Tim Handball?	Sascha Stadtwald, groß	Barbara Rad fahren?	Isabel Schulhof, nah

✂ -

Partner B
Wo machen die Leute Sport? Fragen Sie Ihre Partnerin / Ihren Partner und notieren Sie.

- Wo spielt Manfred Badminton?
- In der kleinen Sporthalle.

Manfred Sporthalle, klein	Ulrike Yoga?	Petra Fitnessstudio, neu	Felix Judo?
Martin See, klein	Sylvie tanzen?	Oskar Schwimmbad, schön	Susanne Gymnastik?
Daniela Fußballplatz, modern	Peer walken?	Ina und Ingo Eishalle, riesig	Rainer Golf?
Tim Kindergarten, neu	Sascha Nordic-Walken?	Barbara Schwarzwald, schön	Isabel Basketball?

Lektion 7 8b

Geschichte des inneren Schweinehundes von Herrn und Frau Morgen-Später

1

Im Gegensatz zu Frauchen und Herrchen bin ich früh wach.

2

Und nicht nur das! Ich passe auch auf. Frauchen will doch einmal früh aus dem Bett. Aber ich bin schon da und zeige ihr Bilder von einem schrecklichen Tag.

3

_____
_____
_____
_____

4

_____
_____
_____
_____

5

_____
_____
_____
_____

6

_____
_____
_____
_____

KOPIERVORLAGE

Lektion 8   4a

Weil-Deshalb-Domino

kann sie im Moment nicht gut schreiben.	Pias Knie tut weh, deshalb
liegt sie heute auf dem Sofa.	Pia braucht eine neue Brille,
deshalb war sie gestern beim Augenarzt.	Pia hatte einen Unfall, deshalb
fährt ihr Mann sie zur Notaufnahme.	Pias Hand blutet, weil
sie mit dem Rad gestürzt ist.	Pia hat um 9 Uhr einen Termin beim Zahnarzt, deshalb
geht sie später zur Arbeit.	Pia hatte einen Unfall, weil
sie nicht aufgepasst hat.	Pia möchte nicht ins Krankenhaus, weil
sie Angst hat.	Pias Hand blutet, deshalb
macht die Ärztin ihr einen Verband.	Pias Knie tut weh, weil
sie gestern zu lange gejoggt ist.	Pia möchte eine neue Brille, deshalb
hat sie die alte in den Fluss geworfen.	Pia geht heute Mittag zum Arzt, weil
sie seit drei Tagen Kopfschmerzen hat.	Pia will nicht ins Krankenhaus, deshalb
nimmt sie starke Schmerztabletten.	Pia hat an der Hand einen Verband, weil
sie sich beim Basketball verletzt hat.	Pia hat einen Verband an der Hand, deshalb

Lektion 8 4b

KOPIERVORLAGE

Lektion 8   6c

Rollenspiel

Situation 1

Sie haben Zahnschmerzen.
Sie müssen zum Zahnarzt.
Sie haben Angst
vor dem Bohren.

Situation 2

Sie haben Magenschmerzen.
Sie müssen ins Krankenhaus.
Sie haben Angst vor Operationen.

Situation 3

Sie haben Rückenschmerzen.
Sie müssen zum Arzt.
Sie haben Angst vor einer Operation.

Situation 4

Sie haben ständig Kopfschmerzen.
Sie müssen zum Arzt.
Sie haben Angst vor Ärzten.

Situation 5

Sie sehen auf einem Auge schlecht.
Sie müssen zum Augenarzt.
Sie wollen keine Brille.

Situation 6

Sie haben einen Unfall mit dem Fahrrad.
Sie müssen zur Notaufnahme.
Sie haben Angst vor der Untersuchung.

Situation 7

Sie sind immer müde.
Sie müssen Ihr Blut untersuchen lassen.
Sie mögen keine Spritzen.

Situation 8

Sie haben Schmerzen im Knie.
Sie müssen zum Röntgen.
Sie haben Angst vor einer Operation.

Lektion 9 | 2

Wiederholung zur Adjektivdeklination

Ergänzen Sie die Ajdektiv-Endungen, wo nötig.

A
Der neue_ Horch 600T ist ein schick___ Auto für den jung___ Fahrer und die jung___ Fahrerin. Es ist günstig___ und gefällt auch den lieb___ Eltern.

B
Die modern___ Lord-Fabrik in Köln produziert seit dem 1.9. den neu___ Lord Galanxi. Endlich ist der erfolgreich___ Wagen aus dem groß___ Autoland USA auch in Deutschland zu haben. Ein Auto für die ganz___ Familie. Jetzt auch in den neu___ Farben Weinrot, Nordseeblau und Parkgrün.

C
Wir kaufen Ihre alt___ Autos – Auto Brenner, ab sofort an der neu___ Bundesstraße 511. Wir zahlen hoh___ Preise, denn auch ein alt___ Wagen ist sein Geld wert. Auto Brenner – hier sind Sie in gut___ Händen.

D
Wir bieten einen interessant___ Ausbildungsplatz in unserem modern___ Autohaus am schön___ Stadtpark. Werden Sie ein gut ausgebildet___ Mechatroniker in einer ausgezeichnet___ Werkstatt. Und das Tollste: Jeder Auszubildende kann bei uns den Motorradführerschein machen. Das ist doch was! Schicken Sie uns schnell eine kurz___ Bewerbung. Das bekannt___ Autohaus am Stadtpark

Lösung: A: -es, -en, -e, -, -en; B -e, -en, -e, -en; C -en, -en, -e, -er, -en; D -en, -en, -en, -er, -en, -e, -e

KOPIERVORLAGE

Lektion 9 3

Kreuzworträtsel

Lösen Sie das Rätsel.

Achtung: ß = ss

1 Eva arbeitet als Chefsekretärin. Sie ist … in einer großen Firma.
2 Sie macht die Arbeit, wie ihr Name schon sagt: die …
3 Am … stehen und immer das Gleiche tun.
4 Wo die … arbeitet, arbeitet kein Mensch mehr.
5 Zu Firma kann man auch … sagen.
6 Audi, VW, Chevrolet sind Auto-…
7 Wir verkaufen unsere Waren ins Ausland. Das nennt man …
8 Natürlich gibt es auch Autos aus den USA, Korea oder Japan. Sie kommen durch … nach Europa.
9 Dort stehen die fertigen Autos: in einer …
10 Dort stehen Teile. Einige sind schon fertig, andere braucht man noch. Es ist das …
11 Dort wird etwas hergestellt, z.B. Autos im Ford-… in Köln.
12 Viel größer und schwerer als ein Auto ist ein …

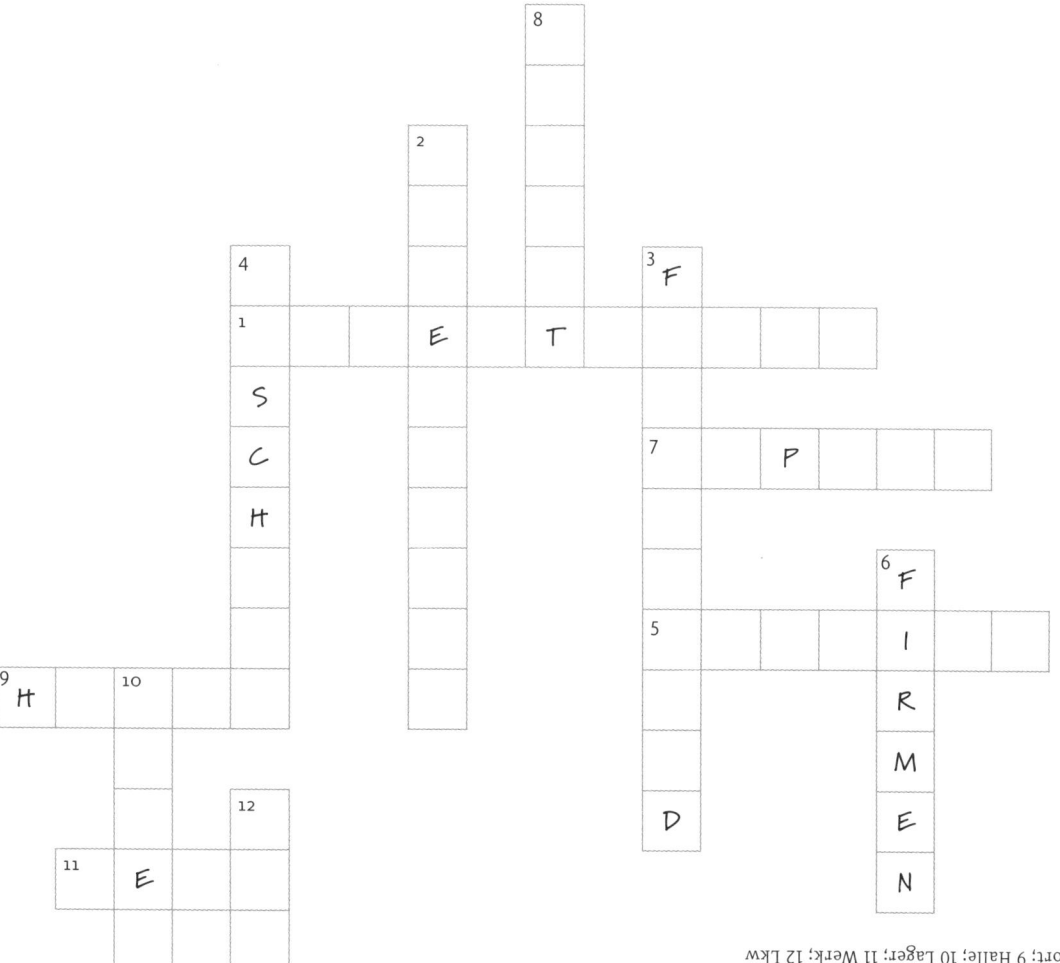

Lösung: 1 Angestellte; 2 Arbeiterin; 3 Fliessband; 4 Maschine; 5 Betrieb; 7 Export; 8 Import; 9 Halle; 10 Lager; 11 Werk; 12 Lkw

Lektion 9   4b

Lesen Sie den Text noch einmal und ergänzen Sie die fehlenden Wörter. Versuchen Sie es zuerst ohne die Wörter unten.

WIRTSCHAFT

»Mensch und Maschine« VON GÜNTHER JANNACK

Die deutsche Autoindustrie war schon in den 1970er- und 80er-Jahren sehr effektiv. Doch neue Technologien haben die Produktivität weiter verbessert. Frank Heistenbergs Dokumentarfilm „Mensch und Maschine" zeigt dies am _____ von Audi in Ingolstadt.

Industriemeister Alfons Beierl geht bald in Rente. Seit fast 40 Jahren arbeitet er bei Audi. Am Fließband hat er gesehen, wie sich die _____ in den vergangenen Jahrzehnten geändert hat. „1980 haben wir hier in Ingolstadt schon täglich 800 ‚Audi 80' produziert", sagt er stolz und ergänzt dann mit einem kleinen Lächeln: „Heute machen wir in dieser Fahrzeugklasse 1700 _____ am Tag. Das sind über 110 _____ mehr!"

1980 gehen 35% aller ‚Audi 80' in den _____. Im Jahr 2011 sind es 75% bei den Nachfolgemodellen. Audi hat mit seinen Fahrzeugen sehr großen _____ auf dem Weltmarkt. Bei dem starken internationalen Wettbewerb geht das natürlich nicht ohne Einsparungen. „Früher hatten wir zum Beispiel ein großes _____", sagt Alfons Beierl. „Heute kommen die Bauteile von anderen Firmen pünktlich auf die Minute mit _____ zu uns."

Und wie sieht es im _____ aus? Alfons Beierl führt das Filmteam durch die großen Produktions_____. Es ist sehr ordentlich und sauber. Hier könnte man fast vom Boden essen. Gesundheitlich problematische Arbeitsvorgänge, zum Beispiel das Lackieren der Fahrzeuge, machen heute _____. Auch für Ergonomie am Arbeitsplatz hat man viel getan, wie Fotos aus der Firmengeschichte zeigen:

Arbeit im Motorraum 1981   *Arbeit im Motorraum 2011*

_____ und Angestellte bei Audi haben heute mehr bezahlten Urlaub und eine kürzere Wochenarbeitszeit als früher. „Es hat sich wirklich sehr viel verändert", sagt Alfons Beierl. „Aber eins ist gleich geblieben: Bei guten _____ sind wir Ingolstädter ganz vorn." Dann lacht er und winkt zum Abschied.

Beispiel | hallen | Fahrzeuge | Produktion | Export | Lkws | Lager | Prozent | Arbeiter | Autos | Maschinen | Werk | Erfolg

KOPIERVORLAGE

Lektion 9   5b

Das-Schwarze-Brett-Spiel

Suche alt____ Bücher.

Jetzt besser schlafen! Betten zu günstig____ Preisen.

Hot-Spot – die Disco mit heiß____ Musik!

Verkaufe Wohnzimmermöbel mit 100 Jahre alt____ Schrank.

Biete klein____ Lager in der Innenstadt.

Suche zwei ordentlich____ Mitbewohner für WG in München.

Aktuell____ DVDs zu Tiefstpreisen!

Lieb____ Hund sucht Zuhause.

Katzenbabys in gut____ Hände abzugeben.

Suche Tisch für klein____ Wohnzimmer.

Nebenjob gesucht? Rufen Sie uns an. Garantiert fest____ Arbeitszeit.

Gebe billig fast neu____ Fahrrad ab.

Brauche klein____ Haus in der Stadtmitte.

Intelligent____ Studentin gibt Nachhilfe in Mathe.

Suche Mann mit groß____ Auto.

-er	-es	-e	-er	-e
-e	-e	-e	-en	-es
-es	-es	-em	-em	-e

Lektion 10 2

Das Farben-Spiel

grün	creme	blau	weiß	rosa	orange
beige					hell-braun
gelb					rot
dunkel-grün					türkis-farben
lila	schwarz	pinkfarben	grau	violett	oliv

Stellen Sie Ihre Figur auf ein beliebiges Feld und würfeln Sie. Suchen Sie die Farbe im Kursraum und sagen Sie etwas zur Farbe, z. B.: *Kristina trägt heute ein T-Shirt in Lila.* Oder: *Das lila T-Shirt von Kristina gefällt mir.*

KOPIERVORLAGE

Lektion 10 3b

Das denkt Olli. Ergänzen Sie *Schade, dass ...*,
Ich hoffe, dass ..., *Gut, dass ...*, *Ich glaube, dass ...*,
Schade, dass ... und schreiben Sie die Sätze neu.

a Sie ist nicht blond. *Schade, dass sie nicht blond ist.*

b Das ist bestimmt nicht die richtige Frau für mich. ____

c Nach dem Essen kann ich gleich gehen. ____

d Sie bezahlt selbst. ____

e Ich kann heute nicht in meiner Lieblingskneipe sein. ____

Das denkt Julia. Ergänzen Sie *Schade, dass ...*,
Ich finde, dass ..., *Schön, dass ...*, *Ich weiß, dass ...*,
Ich hoffe, dass ... und schreiben Sie die Sätze neu.

f Ich mache nie wieder ein Blind Date. ____

g Ich hatte die Blume schon in der Hand. ____

h Der Typ ist unmöglich. ____

i Der Abend dauert nicht so lange. ____

j Ich habe zu Hause noch eine tolle DVD mit Brad Pitt. ____

Lösungsvorschlag: b Ich glaube, dass das (bestimmt) nicht die richtige Frau für mich ist. c Gut, dass ich nach dem Essen gleich gehen kann. d Ich hoffe, dass sie selbst bezahlt. e Schade, dass ich heute nicht in meiner Lieblingskneipe sein kann. f Ich weiß, dass ich nie wieder ein Blind Date mache. g Schade, dass ich die Blume schon in der Hand hatte. h Ich finde, dass der Typ unmöglich ist. i Ich hoffe, dass der Abend nicht so lange dauert. j Schön, dass ich zu Hause noch eine tolle DVD mit Brad Pitt habe.

Lektion 10 8b

Rollenspiel

Situation 1 die Suppe versalzen	**Situation 1** andere Suppe bringen
Situation 2 das Steak kalt	**Situation 2** in die Küche bringen, warm machen
Situation 3 kein Zucker auf dem Tisch	**Situation 3** sofort Zucker bringen
Situation 4 das Glas nicht sauber	**Situation 4** ein neues Getränk/ Glas bringen
Situation 5 (Profiversion) ein Streichholz im Gemüse	**Situation 5 (Profiversion)** entschuldigen, neues Essen bringen, ein kostenloses Eis zum Dessert anbieten

KOPIERVORLAGE

Lektion 11 3a

Wiederholung: Komposita

1 Wörterjagd! Hier stimmt etwas nicht. Korrigieren Sie die Komposita so, dass sie sinnvoll sind. Vergleichen Sie dann mit dem Text im Kursbuch (Zeile 7–17).

Geschäftsidee
Luisas **Geschäftskarte**: Aus Alt mach Neu. In ihren Werkstätten wird Altpapier zu bunten **Briefideen**, **Briefladen**, **Postpapier**, **Notizumschlägen** und **Geschenkbörsen**. Getränkeverpackungen, Plastik- und Textilreste werden zu neuen **Geldsäcken**, Rucksäcken und **Aktenverpackungen**. Aus Second-Hand-Kleidern wird topmoderne Mode und aus langweiligen alten Schränken und Tischen werden interessante neue **Designerreste**. Die Produkte kann man im **Werkstatttaschen**, auf Messen und natürlich auch online ansehen und kaufen.

2 Ergänzen Sie.

a _das_ Geschäft + _die_ Idee   = _____ _Geschäftsidee_
b ____ Brief + ____ Papier   = ____ _____
c ____ Notiz + ____ Block   = ____ _____
d ____ Geld + ____ Börse   = ____ _____
e ____ Akten + ____ Tasche   = ____ _____
f ____ Geschenk + ____ Papier   = ____ _____
g ____ Brief + ____ Umschlag   = ____ _____
h ____ Post + ____ Karte   = ____ _____

3 Was ist richtig? Kreuzen Sie an.

> **GRAMMATIK**
> Bei zusammengesetzten Wörtern (Komposita) bestimmt der Artikel von dem ○ ersten ○ zweiten Nomen den Artikel von dem ○ ganzen ○ zweiten Wort.

Lösung: **2** b der, das, das Briefpapier; c die, der, der Notizblock; d das, die, die Geldbörse; e die (Pl.), die, die Aktentasche; f das, das, das Geschenkpapier; g der, der, der Briefumschlag; h die, die, die Postkarte; **3** zweiten, ganzen

Lektion 11 3b

Wiederholung: dass, deshalb, weil

1 Ergänzen Sie *dass, deshalb* oder *weil*.

Zehn Jahre *Restlos glücklich*

Zwei Gedanken sind der gelernten Buchdruckerin Luisa Bauer immer wieder durch den Kopf gegangen: „Es ist traurig, _____ so viele Jugendliche keinen guten Job bekommen" und: „Es ist Wahnsinn, _____ wir so viele Dinge auf den Müll werfen". _____ hat sie vor zehn Jahren die *Restlos Glücklich GmbH* gegründet. … Mit zwei jungen Helfern hat die 26-Jährige angefangen. Heute hat Luisa Bauer 45 Mitarbeiterinnen und Mitarbeiter. Das Betriebsklima ist sehr gut, _____ die Arbeit so vielseitig und interessant ist. _____ hat Bürgermeister Ludger Rennert die Unternehmerin auf der Feier zum zehnjährigen Firmenjubiläum besonders gelobt: „Ihr Engagement, liebe Frau Bauer, ist so wichtig, _____ es zeigt, _____ Umweltschutz, soziales Engagement und wirtschaftlicher Erfolg prima zusammenpassen. Und _____ wünsche ich Ihnen und Ihrem Projekt auch weiterhin alles Gute!"

Gundula Stremmer

2 Lesen Sie noch einmal und ergänzen Sie. Kreuzen Sie dann an: Wo steht das Verb?

Es ist traurig, _____

Das Betriebsklima ist sehr gut, _____

_____ auf der Feier zum zehnjährigen Firmenjubiläum besonders gelobt.

Wo steht das Verb?	Position 1	Position 2	Satzende
In dass-Sätzen			
In weil-Sätzen			
In deshalb-Sätzen			

Lösung: 1 dass; dass; Deshalb; weil; dass; Deshalb; dass; weil; dass; 2 dass/weil-Sätze: Satzende, deshalb-Sätze: Position 2

KOPIERVORLAGE

Lektion 11 7

Verben-Spiel

sich treffen mit …	lange schlafen	einkaufen gehen	ein neues Programm auf dem PC installieren	sich in der neuen Firma vorstellen	wandern
Wäsche waschen					sich ausruhen
sich für die Party umziehen					ein gutes Buch lesen
sich bei … bedanken für …					sich auf den Abend freuen
joggen					die ganze Wohnung aufräumen
sich streiten mit …	sich unterhalten mit …	frühstücken (mit …)	sich für einen Japanischkurs anmelden	sich verabreden mit …	sich einen neuen Wohnzimmertisch aussuchen

Stellen Sie Ihre Spielfigur auf ein beliebiges Feld. Würfeln Sie und ziehen Sie Ihre Figur. Machen Sie einen Satz. Sagen Sie auch, wann, wo, mit wem und/oder warum Sie das machen oder gemacht haben. Beispiel: *Gestern habe ich mit meiner Mutter gefrühstückt, weil sie bei mir zu Besuch war.* Oder: *Es ist schön, dass ich morgen mit meinem Freund frühstücken kann. Denn wir müssen beide erst später zur Arbeit.*

Lektion 12   4b

Essgewohnheiten in meinem Land

Mein Land: _____

Bei uns isst man zum Frühstück _____

Normalerweise trinkt man _____

Kinder trinken gern _____

Zum Mittagessen gibt es viel/häufig _____

Kinder und Jugendliche essen oft/gern _____

Es ist üblich, dass man zum Essen _____ trinkt.

Am Nachmittag trinken viele Leute _____ und

essen _____

Abends essen wir ungefähr zwischen _____ Uhr und _____ Uhr.

Zu jedem Essen gehört _____

Oft essen wir abends _____

Die wichtigste Mahlzeit am Tag ist normalerweise _____, weil

_____

Was ich noch erzählen möchte: _____

_____

_____

_____

KOPIERVORLAGE

Lektion 12   5b

Wenn-Sätze

…, wenn ich Geburtstag habe.	…, wenn ich Freunde zum Essen einlade.
…, wenn ich mit Freunden essen gehe.	Ich koche nach Kochbuch, wenn …
Wenn …, habe ich oft keine Lust mehr zum Kochen.	Wenn ich abends zum Sport gehe, …
Wenn du für mich kochst, …	Wenn ich als Kind Geburtstag hatte, …
Wenn …, bringe ich gern eine Kleinigkeit mit.	…, wenn ich das Einkaufen vergessen habe.
Ich koche Spaghetti mit Öl und Knoblauch, wenn …	Wenn es im Sommer sehr heiß ist, …
Weil …, esse ich schnell etwas an der Imbissbude.	Ich habe gestern einen neuen Herd gekauft, weil …
…, denn du bist über eine Stunde zu spät.	… Deshalb habe ich immer eine Pizza im Kühlschrank.
…, weil ich dich so mag.	Weil ich oft keine Zeit zum Kochen habe, …
Ich koche gern für meine Freunde. Denn …	Ich finde es total schön, dass …
…, dass wir zusammen essen gehen.	Es ist nicht schön, dass …
Ich trinke gern Espresso, deshalb …	…, dass man auch mal eine Tütensuppe essen kann.

Wörter Name: _____

1 Wer ist das? Ordnen Sie zu.

Schwiegervater | ~~Neffe~~ | Schwiegersohn | Cousine | Onkel

Der Sohn von meiner Schwester ist mein _Neffe_. Der Vater von meinem Mann ist mein _____. Der Bruder von meiner Mutter ist mein _____.
Die Tochter von meiner Tante ist meine _____. Und der Mann von meiner Tochter ist mein _____. ____ / 4 Punkte

2 Kindheitserinnerungen. Ergänzen Sie die Sätze. Achten Sie bei den Verben auf die richtige Form.

klettern | fahren | ~~spielen~~ | sammeln | spielen | übernachten | lesen

a Tom und ich haben gern draußen _gespielt_. Wir sind auf Bäume _____ und haben draußen _____.
b Ich habe als Kind gern mit Puppen _____, aber ich bin auch Skateboard _____ und habe Comics _____ wie andere Jungen.
c Ich habe gern Fußballbilder _____. ____ / 6 Punkte

3 Nach dem Umzug. Ergänzen Sie die Sätze.

● Wie geht es dir mit dem Umzug?
◆ Gut! Das Wohnzimmer ist fast fertig. Meine Bücher stehen schon im _Regal_ (GERAL) und meine Bilder hängen auch schon an der _____ (DWAN). Aber ich brauche noch _____ (HOÄGNEVR) für die Fenster.
● Und wie sieht es in der Küche aus?
◆ Na ja … Der _____ (RDEH) funktioniert nicht und ich finde das _____ (UGZKRWEE) nicht. Und im Bad gibt es noch keinen _____ (PIELGES).
● Wie dumm! ____ / 5 Punkte

4 Rätsel. Ergänzen Sie.

a Das Meer hat einen Strand und der See hat ein U f e r.
b Der Hund ist ein Tier, der Baum ist eine __ __ __ __ __ __ __.
c Vögel, Frösche und viele andere __ __ __ __ __ leben am See.
d Hunde und __ __ __ __ __ __ leben mit den Menschen zusammen.
e Ein __ __ __ __ ist kleiner als eine Stadt.
f Im Urlaub suchen viele Menschen __ __ __ __ und Erholung. ____ / 5 Punkte

TEST MODUL 1 (Lektion 1–3)

Strukturen

5 Was ist richtig? Kreuzen Sie an.

a ● Annett, wie hat dir   ○ unseres   ⊗ unser   ○ unserem Geburtstagsgeschenk gefallen?
  ◆ Super, ich habe mich sehr über   ○ euer   ○ eure   ○ Ihren Geschenk gefreut!
b ● Susanne kommt heute nicht ins Büro.   ○ Ihre   ○ Sein   ○ Ihr Sohn ist krank.
c ● Ich möchte gern in einer Apotheke arbeiten wie   ○ mein   ○ meinen   ○ meinem Onkel.
  ◆ Wirklich? Onkel Albert findet   ○ sein   ○ seinen   ○ seinem Beruf doch langweilig.

_____ / 4 Punkte

6 Ergänzen Sie das Perfekt in der richtigen Form.

a ● Wie war der Nachmittag mit den Kindern?
  ◆ Gut. Felix _hat_ Comics _gelesen_ (lesen), Eva _____ Skateboard _____ (fahren) und Adele _____ mit ihrer Puppe _____ (spielen).
b ● _____ du das schon _____ (hören)? Silja _____ Einrad _____ (fahren) … und jetzt liegt sie im Krankenhaus.
c ● Als ich klein war, _____ meine Oma mir jeden Abend eine Geschichte _____ (erzählen).

_____ / 5 Punkte

7 Ergänzen Sie die Präpositionen und Artikel in der richtigen Form und markieren Sie das passende Verb.

a ● Wo ist denn der Laptop?
  ◆ Ich glaube, er <u>liegt</u>/legt _im_ Regal.
  ● Stellst/Stehst du ihn bitte _____ ____ Schreibtisch? Danke!
b ● Hast du meine Hausschuhe gesehen?
  ◆ Wahrscheinlich legen/liegen sie wieder irgendwo _____ ____ Bett. Steh/Stell sie doch einfach immer _____ ____ Bett!
c ● Ich stehe/stelle die Lampe jetzt _____ ____ die Fenster.
  ◆ Das ist keine gute Idee. Ich finde, _____ ____ Sofa steht/stellt sie gut.

_____ / 10 Punkte

8 Bilden Sie Nomen mit -ung oder -er.

a Eine _Übernachtung_ (übernachten) in unserem Romantik-Hotel in Zell am See. Das ist _____ (erholen) und _____ (entspannen) für Körper und Seele.
b Sie möchten schlank und sportlich aussehen – ganz ohne _____ (anstrengen). Unsere Fitness-_____ (beraten) helfen Ihnen gern!
c Der neue Sommertrend: Wandern ohne Schuhe. Buchen auch Sie eine Barfuß-_____ (wandern) im Zillertal. _____ (anmelden) im Tourismusbüro.

_____ / 6 Punkte

Kommunikation

9 Ordnen Sie zu.

Später habe | ~~Habe ich~~ | Wisst | Also passt | Aber ich habe

Habe ich schon erzählt, wie ich Comiczeichner geworden bin?
_____ auf: Als Kind habe ich meinem Bruder immer gern Geschichten erzählt. Er hat das geliebt und wollte meine Geschichten immer wieder hören. _____ sie oft vergessen. Schreib die Geschichten doch auf, hat meine Mutter gesagt. Aber Schreiben finde ich langweilig. _____ ihr, was ich dann gemacht habe? Ich habe Bilder zu den Geschichten gezeichnet. _____ ich das an einer Schule richtig gelernt. Und so bin ich Comiczeichner geworden.

____ / 4 Punkte

10 Schreiben Sie Tipps.

a ● Mein Mann mag es modern: Unser Wohnzimmer ist fast leer. Ich finde das aber ungemütlich. Was kann ich machen?
◆ (einen Teppich in den Raum legen / es dann gemütlicher aussehen)

b ● Mein Arbeitszimmer ist sehr klein, und überall liegen Bücher. Ich arbeite eigentlich nicht gern dort.
◆ Sie brauchen mehr Ordnung. Gut sind Regale für die Bücher.
(aber vorsichtig sein mit Möbeln / nicht zu viele in den Raum stellen / sonst noch kleiner werden)

a – _Legen Sie einen Teppich in den Raum._
– _____

____ / 4 Punkte

11 Ordnen Sie zu.

würde auch gern | am liebsten | würde gern | gefällt mir überhaupt nicht | finde die Idee super | ~~Am besten~~ | möchte lieber

● Sollen wir im Sommerurlaub dieses Jahr mal ans Meer fahren?
◆ Ja, gern! _Am besten_ fahren wir an die Nordsee. Ich _____ viel surfen.
■ Surfen? Diese Idee _____. Mir wird dabei immer schlecht. Ich _____ in die Berge fahren und wandern.
● Und dann schneit es dort wieder … Ich _____ ans Meer fahren. Aber ich möchte _____ die ganze Zeit am Strand liegen. An der Nordsee ist es zu kalt.
■ Fahren wir doch nach Korsika! Dort kannst du surfen, du kannst am Strand liegen, ich gehe wandern … und alle sind glücklich!
● Ich _____!

____ / 6 Punkte

TEST MODUL 1 (Lektion 1–3)

Lesen

12 Welches Angebot passt am besten zu wem? Ordnen Sie zu.

Hotel Seevogel ①
Ruhe und Erholung, lange Spaziergänge am Strand und ein Abendessen mit anderen netten Gästen. Das bietet Ihnen seit 25 Jahren das sympathische Hotel Seevogel auf Amrum. Wir kümmern uns besonders um allein reisende Gäste: Bei uns sitzen Sie nicht allein am Tisch!

Erlebnis Bergwald ②
Urlaub einmal anders! Tun Sie Gutes in Ihren Ferien und helfen Sie mit im Projekt Bergwald. Mit Waldarbeitern pflanzen Sie drei Tage lang neue Bäume und reparieren Wanderwege. Dann machen Sie eine Vier-Tage-Wanderung von Hütte zu Hütte. Die Übernachtung in den Hütten ist kostenlos. Informieren Sie sich jetzt!

JuKa-Kanuschule ③
Wir sind zu Hause in den Julischen Alpen, im schönsten Kajakgebiet Europas. Wir bieten Kurse für Anfänger und Fortgeschrittene, die Gruppen sind klein, die Stimmung ist gut. Nach einem langen Tag auf dem Wasser erholen wir uns auf dem Zeltplatz. Du bist den ganzen Tag draußen und lernst neue Leute kennen. Anmeldung für die Sommersaison ab sofort!

a Stefan ist gern draußen und macht gern Sport. Anzeige ____
b Elsa fährt allein weg und möchte neue Leute kennenlernen. Sie möchte sich im Urlaub erholen. Anzeige ____
c Tim ist Student und hat wenig Geld. Er möchte im Urlaub etwas für die Natur tun. Anzeige ____

____ / 3 Punkte

Schreiben

13 Ergänzen Sie die E-Mail an Anne. Beginnen Sie die Sätze mit dem markierten Satzteil. Achten Sie auf die richtige Verwendung von Perfekt und Präteritum.

~~er schon als kleiner Junge Tiere lieben~~ – **später** er viele Tiere haben – **er** ein Studium als Tierarzt beginnen – **dann** er arbeiten als Koch – **zum Schluss** er ein eigenes Restaurant haben

Liebe Anne,
Du möchtest mehr von unserem Opa Hans wissen? Gern! _Schon als kleiner Junge hat er Tiere geliebt_, vor allem Vögel. Er ist immer auf Bäume geklettert und hat sie beobachtet.
_____, aber nicht nur Hunde und Katzen, auch Hühner und Vögel … _____, aber das Studium war zu teuer.
_____. _____
_____. Und weißt Du was? Das Restaurant war besonders bekannt für sein Hühnchen.
Opa Hans war schon lustig, nicht?
Liebe Grüße
Hendrik

____ / 4 Punkte

Gesamt: ____ / 66 Punkte

Wörter   Name: _____

1 Was ist das?

a _ein Glas Marmelade_

b _____

c _____

d _____

e _____

f _____

g _____

_____ / 6 Punkte

2 Was notiert Anne für ihre Reise? Ergänzen Sie.

a – einen R _e_ _i_ _s_ _e_ f _ü_ _h_ _r_ _e_ _r_ kaufen
b – eine U __ __ __ __ k __ __ __ __ buchen
c – auf der Bank Geld w __ __ __ __ __ __ __ __
d – die K __ __ __ __ __ a nicht vergessen!
e – eine F __ __ __ __ __ __ g durch den Dom machen?
f – einen __ un __ __ __ __ __ __ durch die Altstadt machen
g – alle Se __ __ nsw __ __ __ __ __ k __ __ __ __ __ __ besichtigen!
h – Oma eine __ o __ __ k __ __ __ __ __ schreiben

_____ / 7 Punkte

3 Ergänzen Sie.

● Wir haben uns für Samstag fürs Tollwood _verabredet_ (ERBAVREEDT). Möchtest du vielleicht _____ (EMOTKMIMN)?
◆ Das Tollwood? Was ist das?
● Das ist ein großes _____ (VLASFTEI), mit einem Markt und tollen _____ (NGNUEAVNTSALRTE). Berühmte _____ (LERKNÜTS) kommen, es gibt verschiedene _____ (BHNEÜN), zum Beispiel für Konzerte. Es _____ (FITNED) zweimal im Jahr _____ (TTTSA), im Sommer und im Winter.
◆ Das klingt gut! Ist der _____ (TTIRETNI) teuer?
● Nein, viele Konzerte sind sogar kostenlos.
◆ _____ (MRIPA), ich bin dabei!

_____ / 9 Punkte

TEST MODUL 2 (Lektion 4–6)

Strukturen

4 Ergänzen Sie die Endungen.

- Ich gehe jetzt einkaufen. Was brauchst du denn noch für die Pizza?
- Hm, mal sehen. Hier ist noch eine klein_e_ Packung Mehl, das ist genug. Ich brauche einen hart___ Käse und Gemüse … unbedingt rot___ Tomaten. Isst du gern Schinken?
- Ja, sehr gern!
- Gut, dann gibt es eine lecker___ Gemüsepizza mit Schinken.
- Soll ich einen roh___ oder einen gekocht___ Schinken nehmen?
- Wie du magst. … Was haben wir zu trinken?
- Hier ist nur noch eine groß___ Flasche Saft. Ich kaufe also Wasser und einen italienisch___ Rotwein.
- Super. Bis später!

_____ / 7 Punkte

5 Ergänzen Sie die Endungen.

Tour A: Berlin – Köpenick

Unsere sympathisch_en_ Reiseführer zeigen Ihnen die historisch____ Altstadt von Köpenick. Später machen Sie eine kurz____ Schifffahrt ins Zentrum Berlins. Am alt____ Dom steigen Sie aus und besichtigen das wunderschön____ Nikolaiviertel. Buchen Sie auch die interessant____ Führung im historisch____ Museum. Abends essen Sie in einem typisch____ Berliner Gasthaus. Sie übernachten in der bequem____ Unterkunft „Spreeblick" am Treptower Park. Bestellen Sie unsere neu____ Prospekte und informieren Sie sich über weitere Angebote.

_____ / 9 Punkte

6 Ordnen Sie zu und ergänzen Sie.

a Ab wann ist Sara bei uns zu Besuch?
b Arbeiten Sie schon lange hier?
c Wie lange wohnen Sie schon in der Schweiz?
d Wie lange machst du Urlaub?

Schon ____ 20 Jahre.
Eine Woche, vom 6. ____ ____ 13. Juli.
Von Freitag _an_.
Nein, erst ____ ein____ Monat.

_____ / 6 Punkte

Kommunikation

7 Ordnen Sie zu.

Geben Sie mir bitte | Möchten Sie lieber | Das ist alles | ~~was darf es sein~~ | Wie viel darf es ein |
sonst noch etwas | im Angebot | Ich brauche

- Guten Tag, _was darf es sein_?
- _____ eine gute Salami.
- _____ Pfeffer- oder Knoblauchsalami? Die sind heute beide _____.
- _____ Pfeffersalami.

- Gern. _____?
- 100 Gramm, bitte.
- Möchten Sie _____?
- Nein, danke. _____.

____ / 7 Punkte

8 Lesen Sie und ordnen Sie die Sätze.

___ • Ich würde lieber ins Städel-Museum gehen. Da ist doch diese tolle Ausstellung!

___ ◆ Na ja, wir können zuerst einen Spaziergang am Main machen und danach in Sachsenhausen in einem gemütlichen Gasthaus essen. Was denkst du?

_1_ • Was machen wir denn am Sonntag mit deinen Eltern?

___ ◆ Stimmt, die Ausstellung gefällt meinen Eltern bestimmt. Also gut, machen wir es so: Wir gehen zuerst ins Museum und dann essen.

___ ◆ Was schlägst du vor?

___ • In Sachsenhausen essen, das finde ich gut. Aber spazieren gehen? Das ist doch langweilig.

____ / 5 Punkte

9 Ordnen Sie zu.

einen Treffpunkt ausmachen | vielleicht mitkommen | kann ich leider nicht | Wie wäre es mit |
~~würde dich interessieren~~ | Ich schlage vor | das machen wir | passt gut

- Hallo, Tine, du hast doch gesagt, der neue Film mit Leonardo di Caprio _würde dich interessieren_.
- Ja, ich liebe Leo!
- Sven und ich wollen am Samstag ins Kino. Möchtest du _____?
- Gern, aber am Samstag _____.
- _____ Freitag?
- Freitag _____.
- Wollen wir noch _____?
- _____, wir treffen uns um halb acht direkt vor dem Kino.
- Okay, _____.

____ / 7 Punkte

TEST MODUL 2 (Lektion 4–6)

Lesen

10 Veranstaltungen. Lesen Sie die Aufgaben a bis e und die Anzeigen 1 bis 4. Welche Anzeige passt zu welcher Situation? Für eine Situation gibt es keine passende Anzeige. Schreiben Sie hier den Buchstaben X.

a Sie lieben historische Feste.
b Sie haben ein lustiges Karnevalskostüm und möchten es auf einem Fest tragen.
c Sie würden gern in die Oper gehen, die Eintrittskarten sind aber zu teuer.
d Sie gehen fast jede Woche ins Kino und möchten gern Geld sparen.
e Sie sehen gern Theateraufführungen. Das Stadttheater finden Sie aber langweilig.

Situation	a	b	c	d	e
Anzeige	3				

1 Sie wollen Theater einmal anders erleben? Das Theater „Stattbühne" spielt wieder an einem ganz besonderen Ort: dem Rebsteckbad. Mehr Informationen unter www.stattbuehne.de

2 Das günstige Highlight für Opernfans. Kaufen Sie eine Eintrittskarte fürs Kino und erleben Sie ganz große Oper. Die neuen Termine für „Live aus der Metropolitan Opera New York": 16./17./18.2.

3 Erleben Sie die faszinierende Welt der Renaissance auf dem Neuburger Schlossfest. Großer Mittelaltermarkt, Musik und Tanz. Kommen Sie (mit oder ohne Originalkostüm) und feiern Sie mit!

4 Kino im Angebot: 10er-Karte für die Kinos am Heinekeplatz und das Cinema Lichtspiel nur 50 €.

_____ / 4 Punkte

Schreiben

11 Ordnen Sie zu.

Er ist wirklich beeindruckend | Pläne gemacht | Das Café gefällt Dir bestimmt | freue mich schon sehr | kochen | Oder hast Du andere Wünsche | Endlich wieder mal tanzen, das wird toll | Wann fährt Dein Zug | besichtigen

Liebe Elisa,

ich _freue mich schon sehr_ auf unser gemeinsames Wochenende. Ich habe auch schon _____: Am Samstag können wir gleich den Dom _____. _____ _____. Danach trinken wir einen Kaffee in meinem Lieblingscafé. _____. Am Abend können wir bei mir _____ und später dann in einen schicken Club gehen. _____ _____! Und am Sonntag würde ich gern frühstücken gehen. _____? Vielleicht haben wir noch Zeit für eine Ausstellung oder für einen Spaziergang. Einverstanden? _____?

Viele Grüße
Kris

_____ / 9 Punkte

Gesamt: _____ / 76 Punkte

Wörter

Name: _____

1 Ordnen Sie zu.

Gesundheit | Diät | wiegen | regelmäßig | Training | abnehmen

Sie _wiegen_ zu viel und möchten gern _____, aber Sie haben keine Lust auf eine _____? Tun Sie etwas für Ihre _____ und kommen Sie zu unserem _____. Wir treffen uns _____ dienstags und freitags um 18 Uhr am Waldparkplatz.

____ / 5 Punkte

2 Was passt? Ordnen Sie zu.

Unfall | Notarzt | blutet | verletzt | Sprechstunde | Magenschmerzen | Krankenwagen

a Ich habe mich _verletzt_. Mein Finger _____.

b Ich kann heute nicht frühstücken. Ich habe starke _____. – Wirklich? Geh besser gleich zum Arzt. Frau Dr. Schött hat heute Vormittag _____.

c Auf der Straße war ein schlimmer _____. Ich habe geholfen, den _____ gerufen und auf den _____ gewartet.

____ / 6 Punkte

3 Ergänzen Sie.

a Philipp ist Arbeiter bei Audi. Er arbeitet in einer großen H a l l e. Am Monatsende bekommt er Geld, seinen __ __ h __ .

b Vor 30 Jahren haben mehr Arbeiter in der Pro __ __ __ __ __ __ gearbeitet. Heute gibt es dort viele M__ __ __ __ __ __ __.

c Marco ist An__ __ __ __ __ __ __ __ bei Audi. Er ist Chef von einem T __ __ __ mit fünf __it__ __ __ ei__ __ __ __.

____ / 6 Punkte

Strukturen

4 Tipps vom Arzt. Sortieren Sie die Sätze.

a Sie wiegen leider einige Kilogramm zu viel. (abnehmen – sollten – ein paar Kilo)

b (Sport machen – Sie – sollten – regelmäßig)

c (mit dem Fahrrad – Sie – zur Arbeit – fahren – könnten – morgens)

d Gibt es in Ihrem Betrieb einen Lift? (sollten – die Treppe – nehmen – Sie – besser)

e (Abends – einen kleinen Spaziergang – Sie – könnten – machen)

a Sie sollten ein paar Kilo abnehmen.
b _____

____ / 8 Punkte

TEST MODUL 3 (Lektion 7–9)

5 Schreiben Sie die Sätze mit *weil* oder *deshalb*.

a Herr Martens macht gern draußen Sport.
  Er geht jeden Tag joggen. (weil)
b Frau Barowski kann nicht schlafen.
  Sie hat um 22 Uhr Kaffee getrunken hat. (weil)
c Mario hat Angst vor dem Zahnarzt.
  Er geht nie allein zur Untersuchung. (deshalb)
d Du bist müde. Du hast gestern bis 1 Uhr ferngesehen. (weil)
e Ich fahre auch im Winter viel Fahrrad. Ich bin selten krank. (deshalb)

a Herr Martens geht jeden Tag joggen, weil er gern draußen Sport macht.
b _____

____ / 8 Punkte

6 Lesen Sie die Anzeigen und ergänzen Sie die Endungen der Adjektive.

a Biete freundlich_er_ Studentin groß_es_ Zimmer in schön_er_ Wohnung. Universitätsstraße 16. Telefon: 040/…
b Sie wünschen sich gut__ Arbeitsbedingungen und flexibl__ Arbeitszeiten? Groß__ Supermarkt bietet interessant__ Jobs in nett__ Team.
c Suche schön__ alt__ Tische und Stühle. Nehme auch kaputt__ Möbel zur Reparatur.
d Sehr gut__ Angebote, kompetent__ Beratung, zuverlässig__ Service. Das gibt es nur bei uns. Autohaus Brummer: Wir haben Ihr neues Auto!
e Sympathisch__ jung__ Mann mit lang__ Berufserfahrung und gut__ Englischkenntnissen sucht interessant__ Arbeitsplatz in international__ Betrieb.

____ / 17 Punkte

Kommunikation

7 Ordnen Sie zu.

Mach doch | vielleicht sollte er | Du könntest | An deiner Stelle würde ich | ~~ich sollte~~

a ● Mein Arzt sagt, _ich sollte_ wieder regelmäßig joggen. Aber mein Schweinehund ist einfach zu stark.
  ◆ _____ mich zum Joggen verabreden.

b ● Mein Freund sitzt oft bis 23 Uhr am Computer und arbeitet. Danach kann er dann nicht schlafen.
  ◆ Hm, _____ vor dem Schlafengehen noch einen kurzen Spaziergang machen?

c ● Früher bin ich gern schwimmen gegangen. Aber das finde ich jetzt langweilig.
  ◆ _____ Aqua-Fitness! Mir macht das großen Spaß.
  _____ in meinem Kurs mitmachen.

____ / 4 Punkte

8 Lesen Sie und ordnen Sie die Sätze.

___ ◆ Ich war noch gar nicht dort. Ich habe Angst vor der Untersuchung. Hoffentlich muss ich nicht ins Krankenhaus.

___ ◆ Ach, ich bin gestern mit dem Rad hingefallen. Mein Bein tut immer noch weh.

_1_ ● Hallo, Tom. Du kannst ja gar nicht richtig laufen. Was ist denn los?

___ ◆ Das hoffe ich.

___ ● Hm, ich würde lieber zum Arzt gehen … Aber vielleicht kommt auch so alles wieder in Ordnung.

___ ● Oh, das tut mir leid! Was sagt denn der Arzt? Hoffentlich ist es nichts Schlimmes.

___ ● Na dann, gute Besserung! ____ / 6 Punkte

9 Ergänzen Sie das Gespräch

Wie wichtig sind | ist mir nicht so wichtig | Das ist eine gute Idee | möchte ich lieber | das finde ich schade | ~~Das ist mir wichtig~~

● Ich möchte gern angestellt sein und regelmäßig Geld verdienen. _Das ist mir wichtig_ . Und dir?

◆ Geld _____ . Ich möchte gern selbst entscheiden, wann ich arbeite und wann nicht. Deshalb _____ selbstständig sein. _____ dir nette Kollegen?

● Sehr wichtig! Und dir? Du hast dann ja keine Kollegen.

◆ Stimmt, _____.

● Du könntest ja eine Bürogemeinschaft suchen und dort arbeiten.

◆ _____ . ____ / 5 Punkte

TEST MODUL 3 (Lektion 7–9)

Lesen

10 Richtig oder falsch? Kreuzen Sie an.

Diät im Januar?
Denken Sie nicht über Ihre Essgewohnheiten nach. Das könnte dick machen.

Haben Sie an Weihnachten auch zu viel gegessen? Möchten Sie jetzt eine Diät machen?
Wie immer sind im Januar in den Zeitschriften wieder viele Diättipps. Diäten helfen aber oft nicht. Und jetzt sagen Wissenschaftler sogar: Wir sollten lieber keine Diäten machen und unsere Ernährung weniger kontrollieren.

Warum ist das so?
Diät-Fans denken viel über Essen nach. Aber sie wissen oft nicht, wann sie satt oder hungrig sind. Schlanke Menschen wissen das: Sie essen nur, wenn sie Hunger haben. Deshalb bleiben sie schlank.
An Feiertagen verzichten Menschen mit einem kontrollierten Essverhalten oft auf ihre Kontrolle und essen dann viel zu viel. Schlanke Menschen essen zum Beispiel an Weihnachten auch mehr als sonst, aber nicht so viel wie die Regelbrecher.
Also: Denken Sie nicht so viel über Essen nach und machen Sie in diesem Januar keine Diät.

		richtig	falsch
a	Nach Weihnachten liest man oft Tipps zu Diäten.	⊗	○
b	Diäten machen schlank.	○	○
c	Schlanke Menschen essen auch an Feiertagen nicht mehr als sonst.	○	○
d	Diät-Fans haben oft Hunger.	○	○
e	Bin ich hungrig oder satt? Schlanke Menschen wissen das besser.	○	○
f	Schlanke Menschen denken viel über ihr Essen nach.	○	○

_____ / 5 Punkte

Schreiben

11 Michael hat einen neuen Job. Ergänzen Sie die E-Mail mit den Informationen aus dem Kasten.

> Firma: klein, international
> Arbeitszeiten: fest, von 9.00 bis 17.30 Uhr
> Aufgabe: E-Mails schreiben, telefonieren, reisen, …
> Chef: sympathisch
> Kollegen: hoffentlich nett
> Lohn: nicht so gut (aber: Firmenwagen)

Lieber Mario,

endlich habe ich einen neuen Job gefunden.
(Firma) Ich arbeite *bei einer kleinen internationalen Firma*.
(Arbeitszeiten) Die Arbeitszeiten sind _____.
(Aufgabe) _____.
(Kollegen/Chef) _____.
(Lohn) _____.
Am Montag fange ich an. Wünsch mir Glück!

Liebe Grüße
Michael

_____ / 8 Punkte

Gesamt: _____ / 78 Punkte

Wörter   Name: _____

1 Was passt nicht? Streichen Sie das falsche Wort durch.

a Essig – Öl – Salz – ~~Kanne~~ – Pfeffer
b Gabel – Löffel – Messer – Glas – Besteck
c Kanne – Teller – Tasse – Messer – Geschirr
d Rechnung – reservieren – zusammen – getrennt – Stimmt so!
e Steak – Hähnchen – Schnitzel – Pommes frites – Schweinebraten
f Limonade – Mineralwasser – Alkohol – Orangensaft – Tee
g Huhn – Rind – Schwein – Fisch – Getreide   ____ / 6 Punkte

2 Ergänzen Sie.

a ● Schenkst du deiner Freundin S c h m u ck zum Geburtstag?
  ◆ Ja, letztes Jahr habe ich ihr eine Kette gekauft.

b ● Rucksäcke sind praktisch, aber beim Einkaufen in der Stadt finde ich
    eine H __ n __ __ __ sch __ schicker.

c ● Guten Tag, ich suche eine Babymütze.
  ◆ Gern, soll sie aus Wolle oder __ __ __ ff sein?

d ● So, der Brief ist fertig. Hast du einen __ __ ie __ u __ __ __ __ l __ __ ?

e ● Wo ist denn nur die Rechnung von „Restlos glücklich"?
  ◆ Oh, tut mir leid, ich habe sie schon weg__ __ w __rf __ __.

f ● Hast du gestern die Nachbarn gehört? Sie haben den ganzen Abend
    ge __ __ __ it__ __ n.   ____ / 5 Punkte

3 Ordnen Sie zu.

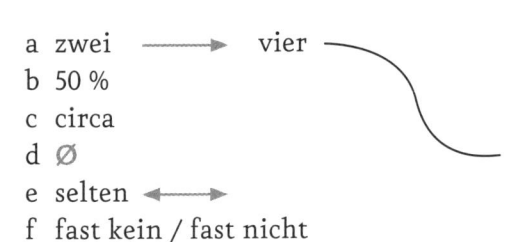

a zwei ⟶ vier   kaum
b 50 %   durchschnittlich
c circa   häufig
d ∅   doppelt so viel(e)
e selten ⟷   rund
f fast kein / fast nicht   die Hälfte

                                                              ____ / 5 Punkte

TEST MODUL 4 (Lektion 10–12)

Strukturen

4 Ordnen Sie zu und schreiben Sie Sätze mit *dass*.

Kann es sein | ~~Schön~~ | Schade | Ich finde | Ich hoffe

a Du bist gekommen.
b Es gibt keinen frischen Orangensaft.
c Hoffentlich kann man noch frühstücken.
d Der Kuchen schmeckt hier sehr gut.
e Stimmt die Rechnung vielleicht nicht?

a Schön, dass du gekommen bist.
b _____

____ / 8 Punkte

5 Schreiben Sie Sätze.

a Gestern hatte ich einen Termin beim Chef.
 (ich – über ihn – sich geärgert haben)
b Was macht die Erkältung?
 (du – heute – sich besser fühlen)
c Am Samstag habe ich einen Freund aus meiner Schulzeit getroffen.
 (gut – sich unterhalten haben – wir)
d (ihr – sich erinnern – gern – an die Schulzeit)
e (unsere Kinder – laut – sich streiten)
f (unser Nachbar – sich beschweren – oft bei uns)

a Ich habe mich über ihn geärgert.
b _____

____ / 5 Punkte

6 Schreiben Sie Sätze mit *wenn*.

a Freunde besuchen mich. Ich koche für sie. (Wenn …)
b Die Sonne scheint. Miriam joggt im Park. (Miriam …)
c Der Kühlschrank ist leer. Ich bestelle eine Pizza. (Ich …)
d Ich habe abends Hunger. Ich esse Obst. (Wenn …)
e Es ist sehr heiß. Tobias kauft sich ein Eis. (Tobias …)
f Ich habe Lust auf Fleisch. Ich brate mir ein Steak. (Wenn …)

a Wenn mich Freunde besuchen, koche ich für sie.
b Miriam …

____ / 5 Punkte

Kommunikation

7 Ordnen Sie zu.

Die Rechnung | Einen Moment, bitte | ~~Ich würde gern bestellen~~ | Stimmt so | Verzeihen Sie | Was darf ich Ihnen bringen | Ich hätte gern | getrennt | Sie bekommen sofort ein anderes

a ● Ich würde gern bestellen.
 ◆ _____. Ich bin gleich für Sie da.
 _____?
 ● _____ ein Mineralwasser und den großen Salat.
 ◆ Gern.

b ● _____, das Bier ist warm.
 ◆ Oh, Entschuldigung. _____.

c ● _____, bitte!
◆ Gern. Zahlen Sie zusammen oder _____?
● Zusammen.
◆ Das sind dann 32,50 €.
● Hier, bitte. _____.
◆ Danke.   ____ / 8 Punkte

8 Ordnen Sie zu und schreiben Sie sechs Sätze.

a Herzlichen Glückwunsch
b Wir bedanken uns
c Auch für die nächsten Jahre wünschen wir Ihnen
d Wir danken Ihnen
e Weiterhin
f Wir gratulieren

viel Erfolg und alles Gute!
für die gute Zusammenarbeit.
zum zehnjährigen Jubiläum!

a Herzlichen Glückwunsch zum zehnjährigen Jubiläum!
b _____

____ / 5 Punkte

9 Ergänzen Sie das Gespräch.

das hat mich auch überrascht | Wirklich | In meiner Heimat | ~~Ich habe mich gewundert~~ | Ich habe nicht gedacht | Das finde ich komisch

● Wie war denn deine Zeit in Deutschland? Wie war das Essen?
◆ _Ich habe mich gewundert_, dass die Deutschen so viel frühstücken. _____. _____ trinkt man nur einen Kaffee und isst etwas Süßes.
● _____? Ihr esst keine Spiegeleier, keine Wurst?
◆ Nein, viele essen morgens gar nichts.
● Und wie war das berühmte deutsche Brot?
◆ _____, dass es mir schmeckt. Aber es ist gut, und es gibt hundert verschiedene Sorten!
● Wirklich?
◆ Ja, _____.   ____ / 5 Punkte

TEST MODUL 4 (Lektion 10–12)

Lesen

10 Lesen Sie das Gästebuch. Wer schreibt was? Ergänzen Sie die Namen.

> **CAFÉ AM DOM – GÄSTEBUCH**
>
> **Martin am 14. Mai:** Wenn sonntags die Sonne scheint, gehen wir ins Café am Dom. Der Blick von der Terrasse auf den Dom ist einfach wunderschön. Und ich liebe die große Auswahl an leckeren Kuchen und Torten!
>
> **Heike am 3. Juni:** Das Café ist sehr beliebt, vor allem als Frühstückslokal. Deshalb ist es oft voll. Wir hatten keine Reservierung und haben lange auf einen Tisch gewartet. Der Kellner hatte viel Stress, war aber nett. Und unser Frühstück hat gut geschmeckt.
>
> **Emilia am 10. Juni:** Früher war das Frühstück im Café am Dom hervorragend. Und jetzt? Der Orangensaft nicht frisch, das Ei nicht weich gekocht, der Teller nicht sauber ... Und dafür habe ich 15 Euro bezahlt. Nein danke. Ich verstehe nicht, warum das Café immer noch so beliebt ist.

a _Heike_ findet gut, dass der Service freundlich war.

b _____ beschwert sich über das Essen.

c _____ findet, dass es sehr guten Kuchen gibt.

d _____ findet, dass das Café teuer ist.

e _____ sitzt gern draußen.

f _____ weiß jetzt, dass man reservieren sollte.

____ / 5 Punkte

Schreiben

11 Verwenden Sie die Notizen und schreiben Sie einen Gästebucheintrag zu folgenden Punkten.

Wann waren Sie im Café am Dom?
Was haben Sie gegessen?
Wie hat es geschmeckt?
Wie war der Service?
Waren die Preise in Ordnung?

6.6.
Frühstück
nicht gut (Rührei versalzen, Kaffee kalt)
unfreundlich
zu teuer

____ / 10 Punkte

Gesamt: ____ / 67 Punkte

Lektion 1

Mein Opa war auch schon Bäcker.

Aufgabe 1

Franka: Ist das richtig so, Opa?
Opa: Ja, das machst du sogar sehr gut, Franka. Und jetzt die Enden auf die Brezel drücken.
Paul: Opa?
Opa: Ja, Paul?
Paul: Wie viele Brezeln können wir aus dem Teig machen?
Opa: Hm. Das sind 2 Kilogramm. Also ungefähr 30.
Paul: Mist! Ich kann das nicht. Das ist zu kompliziert.
Franka: Aber natürlich. Das kannst du auch, Paul. Schau, es ist ganz einfach.
Paul: Es geht aber nicht. Kannst du mir bitte mal helfen, Opa?
Opa: Na klar. Ich helf dir. Komm, wir machen das zusammen.
Paul: Juhu, es klappt! Das ist ja ganz einfach.
Opa: Siehst du? Und das wiederholen wir jetzt 30-mal.

Aufgabe 3b und c

Paul: Und wer ist das?
Opa: Das sind meine Eltern vor ihrer Bäckerei. Das bin ich, das ist meine Schwester Lilli und das da war unser Opa.
Paul: Aber *du* bist doch unser Opa!
Opa: Ja, ich bin *euer* Opa ... Aber das auf dem Foto, das war *mein* Opa, versteht ihr? Ich habe auch einen Opa gehabt und der war auch schon Bäcker. Mein Opa hat seine Bäckerei dann seinem Schwiegersohn übergeben. Meinem Vater.
Paul: Muss ich auch mal Bäcker werden?
Opa: Nur wenn du willst.
Paul: Lieber nicht. Sonst muss ich so früh aufstehen und ich bin morgens immer so müde.
Franka: Dann werde ich Bäckerin! Dann bekomme ich immer alle Brezeln kostenlos!
Paul: Und wer ist der Mann mit dem dicken Bauch? Der sieht lustig aus!
Opa: Das ist Onkel Willi.
Paul: Ist das unser Onkel?
Franka: Nein, Paul. Unser Onkel heißt doch nicht Willi.
Opa: Franka hat recht. Willi war *mein* Onkel.
Franka: Unser Onkel heißt Albert.
Paul: Aber dein Onkel Willi sieht viel lustiger aus als unser Onkel Albert.
Opa: Ja, er war auch lustig. Er hat viel Quatsch gemacht.
Franka: Was denn? Erzähl mal!
Opa: Onkel Willi hat ... Moment. Die Brezeln sind fertig. Ich erzähle euch die Geschichte später ...

Aufgabe 5 und 7

Opa: Na gut. Also passt auf: Onkel Willi war nicht sehr fleißig. Er hat nicht gern gearbeitet. Er ist lieber mit den Mädchen tanzen gegangen. Einmal war sein Vater sehr krank. Er konnte nicht in die Bäckerei gehen und backen. Also hat er Onkel Willi darum gebeten. Aber Onkel Willi ist zu spät aus dem Bett gekommen. Keiner hat Brezeln gebacken. Niemand hatte Brötchen zum Frühstück. Die Bäckerei hatte den ganzen Tag geschlossen. Sein Vater war sehr wütend. Sie haben gestritten. Großvater hat gerufen: „Nie machst du, was ich sage. Geh doch dahin, wo der Pfeffer wächst." Und wisst ihr, was dann passiert ist? Am nächsten Tag hat Onkel Willi sich ein Motorrad gekauft und ist dorthin gefahren, wo der

TRANSKRIPTIONEN KURSBUCH

Pfeffer wächst. Nach Indien! Er war schon verrückt, mein Onkel Willi!

Lektion 2

Wohin mit der Kommode?

Aufgabe 2

Möbelpacker: Wohin mit der Kommode?
Stefan: Gleich neben die Tür.
Jasmin: Nein, Stefan. Nicht neben die Tür. Lieber unter das Fenster. Das sieht besser aus.
Stefan: Stopp. Nicht unter das Fenster. Das finde ich blöd. Dann lieber neben den Fernseher. Was meinst du, Jasmin?
Jasmin: Oder zwischen den Fernseher und die Stehlampe.
Stefan: Ja, auch eine gute Idee.
Möbelpacker: Entschuldigen Sie. Wie lange wollen Sie noch diskutieren? Das Ding hier ist schwer!

Aufgabe 3

1
Stefan:
Wenn ich in eine Wohnung einziehe, stelle ich zuerst das Sofa in das Wohnzimmer. Dann stelle ich das Fernsehgerät vor das Sofa. Das Fernsehgerät *muss* vor dem Sofa stehen. Sonst ist es nicht gemütlich. Alles andere ist unwichtig. Ob nun die Lampe neben dem Schrank steht, der Schrank in der Ecke oder neben dem Sofa, ist egal. Hauptsache, ich fühle mich in meiner Wohnung wohl.

2
Jasmin:
Wenn ich in eine Wohnung einziehe, renoviere ich erst alles. Wohnzimmer, Küche und Bad müssen besonders ordentlich sein. Denn dort sitzen auch mal Gäste. Auch unter dem Sofa muss es sauber sein. Auf dem Sofa liegen ein paar hübsche Kissen. Das Fernsehgerät verstecke ich im Schrank. An der Wand hängen Bilder und auf der Kommode stehen Blumen. Ich möchte, dass alles sauber und ordentlich aussieht. Hauptsache, die Gäste fühlen sich in meiner Wohnung wohl.

Lektion 3

Hier finden Sie Ruhe und Erholung.

Aufgabe 2

a
Rostocker:
Tach ... Willkommen in Rostock. Rostock ist die größte Stadt in Mecklenburg-Vorpommern. Mecklenburg-Vorpommern ist ein deutsches Bundesland und liegt im Norden, an der Ostsee.

b
Innsbrucker:
Grüß Gott und herzlich willkommen hier in Österreich, im herrlichen Bundesland Tirol und in der Landeshauptstadt Innsbruck.

c
St. Gallenerin:
Grüezi mitenand im Schweizer Kanton St. Gallen. Der Kanton und sein Hauptort, die Stadt St. Gallen, liegen in der Nordostschweiz.

d
Berlinerin:
Guten Tag und willkommen in Berlin. Berlin ist eines der deutschen Bundesländer und zugleich die Hauptstadt von Deutschland.

Modul-Plus 1

Ausklang: Früher war alles besser.

(vgl. Kursbuch)

Lektion 4

Was darf es sein?

Aufgabe 1

Otto: Die sind lustig! ... Das kann doch keiner lesen! ... WAS steht da? ... Hase? ... Nase? ... Aach, *Käse* soll das heißen! ... Einen Käse will er ... einen, was ... einen wilden Käse? ... Quatsch! ... *mild* steht da ... Einen *milden* Käse! ... Tz, diese Schrift! ...

Supermarkt-Lautsprecherstimme:
Sie suchen ein stilles Mineralwasser? Probieren Sie doch mal „Pur-A-Quell". Heute im Sonderangebot: Nehmen Sie drei Flaschen mit und bezahlen Sie nur für zwei! „Pur-A-Quell" ... direkt aus der Natur!

Aufgabe 4

1

Käseverkäufer:
  Guten Tag! Was darf's sein?
Otto: Öhm, ich hätte gern einen *milden* Käse.
Käseverkäufer:
  Einen milden Käse? Tja, da gibt es viele. Möchten Sie lieber *einen weichen* Käse oder einen *harten*?
Otto: Das ist eine gute Frage! Ich weiß leider auch nicht, was er mag. Warten Sie mal, ich frage meinen Mitbewohner schnell. Hach! Jetzt habe ich mein Handy vergessen! Na gut, ich glaube, ich nehme einen weichen *und* einen harten Käse. Geben Sie mir doch bitte je 200 Gramm von dem da und von dem da.

Käseverkäufer:
  Das ist eine sehr gute Wahl! Die sind beide superlecker!
Otto: Aha.

2

Otto: Drei Liter *normale* Milch. Hmm. Ähh, hallo? Entschuldigung!?
Otto: Haben Sie denn keine *normale* Milch?
Mitarbeiterin:
  Normale Milch? Was meinen Sie mit ‚normal'? Meinen Sie Vollmilch mit 3,5% Fett? Oder fettarme Milch mit 1,5% Fett? Oder Magermilch mit 0,5% Fett?
Otto: Keine Ahnung! Ähmm. Wissen Sie was? Ich nehme einfach zwei von jeder.

3

Wurstfachverkäuferin:
  Hallo! Was darf es sein?
Otto: Ich hätte gern einen mageren Schinken.
Wurstfachverkäuferin:
  Gern. Soll's ein *roher* Schinken sein oder ein *gekochter* Schinken?
Otto: Ähm ...
Wurstfachverkäuferin:
  Hier, sehen Sie mal: Die sind heute beide im Angebot.
Otto: Tja, dann geben Sie mir doch einfach von beiden je 250 Gramm. Äh, und 200 Gramm Knoblauchsalami!

Aufgabe 8

Jochen: WAS?! 87 Euro und 30 Cent?
Otto: Ja, ich bekomme 29 Euro und 10 Cent von jedem von euch.
Bruno: Bist du verrückt!?
Jochen: Warum hast Du denn *so viel* eingekauft, Otto?
Otto: Ihr habt ja keine genauen Angaben gemacht.
Bruno: Keine genauen Angaben? Quatsch!

TRANSKRIPTIONEN KURSBUCH

Otto: Hier, seht euch mal eure Einkaufsliste an! Was ist eine ‚normale Milch', hä? Es gibt Vollmilch, es gibt fettarme Milch, es gibt Magermilch. Aber es gibt keine *normale* Milch!
Bruno: Doch! Für mich ist Vollmilch normal.
Otto: Ach ja!? Und woher soll ICH das wissen, lieber Bruno? Ich wohne seit gestern Abend hier.
Seit genau ... Moment! ... Seit genau 18 Stunden.
Jochen: Das stimmt, Otto. Aber warum hast du uns denn nicht angerufen und gefragt?
Otto: Tut mir ja so leid, Jochen! Ich hab mein Handy vergessen!
Bruno: Ach komm! Otto! Kann man mit dir kein kleines Späßchen machen?
Jochen: Otto! Willst du etwa kein Frühstück?
Bruno: Leider hat er keine guten Nerven.

Lektion 5

Schaut mal, der schöne Dom!

Aufgabe 2

Oma: Schaut mal, der schöne Dom! Hier im Prospekt steht: Der Dom ist 157 Meter 38 hoch und war bis 1884 das höchste Gebäude der Welt. Er ist eine der größten Kathedralen im gotischen Baustil und zählt zum UNESCO-Weltkulturerbe.
Mutter: Lasst uns reingehen! Ich möchte unbedingt das neue Fenster von Gerhard Richter sehen. Und hinterher können wir noch in das Römisch-Germanische Museum gehen. Wenn wir Glück haben ...
Tochter: ... ist das Museum heute geschlossen! Oh Mann, wirklich. Mama! Oma! Muss ich da mit? Ich finde Kirchen und Museen stinklangweilig. Können wir nicht was anderes machen? Ich dachte, wir gehen shoppen!
Oma: Später, mein Schatz. Ich habe extra eine Dom-Führung für uns gebucht.
Tochter: Oh nein. Auch das noch! Das glaube ich nicht. Ich habe keine Lust auf eine Führung.
Mutter: Charlotte! Ich kann nicht glauben, dass du lieber junge Männer fotografierst statt berühmte Bauwerke.
Tochter: Na und? Der Typ ist süß.
Mutter: Da! Jetzt kommt er auf uns zu. Wahrscheinlich beschwert er sich, weil du ihn einfach fotografierst.
Reiseführer: Entschuldigen Sie bitte. Haben Sie die Führung im Internet gebucht?
Oma: Ja, ich. Aber meine Enkelin will nicht ...
Tochter: Doch! Natürlich will ich. Ich habe sogar große Lust auf eine Führung! Ich hab mich schon informiert: Das ist eine der größten Kathedralen im UNESCO-Baustil und 1884 Meter hoch.
Reiseführer: *(lacht)* Na ja, nicht ganz ...

Lektion 6

Meine Lieblingsveranstaltung

Aufgabe 2

(Musik auf einem Mittelalter-Festival)

Aufgabe 5

1

Tim Rastmann:
    Hallo, Anja, Hier ist Tim.
Tim Rastmann:
    Welcher Tim? Na, Tim Rastmann.
Tim Rastmann:
    Genau! Na, wie geht's denn so?
Tim Rastmann:
    Ja, mir auch. Du, ich hab mal 'ne Frage: Möchtest du vielleicht mitkommen in die Schweiz?
Tim Rastmann:
    Ja, zum Openair, mal wieder richtig abfeiern! Was hältst du davon? Hast du Lust?
Tim Rastmann:
    Eintrittskarte? Brauchst du keine. Ich hab hier nämlich gleich zwei!
Tim Rastmann:
    Sylvie? Nee, nee, Sylvie kommt nicht mit. Sylvie und ich, ähm, weißt du, da läuft nichts mehr …
Tim Rastmann:
    H-hm! Schon seit ein paar Wochen. Also, was ist? Hast du an dem Wochenende Zeit?
Tim Rastmann:
    Das ist vom 8. bis zum 10. Juli.
Tim Rastmann:
    Oh ja! Das ist eine gute Idee! Du schläfst hier, dann können wir am Morgen ganz früh losfahren.
Tim Rastmann:
    Okay, das machen wir! Ja, super! Bis dann!
Tim Rastmann:
    Jepp!

2

Ludmilla Stojkovic:
    Hallo? Britta? Hier ist Ludmilla.
Ludmilla Stojkovic:
    Ah, du hast gerade keine Zeit? Du, ich hab nur eine ganz kurze Frage: Anfang September fahre ich für ein paar Tage nach Linz …
Ludmilla Stojkovic:
    Ja, genau, ja, da möchte ich auf jeden Fall wieder hin. Du hast doch mal gesagt, das würde dich auch interessieren …
Ludmilla Stojkovic:
    Ja?! Du, dann lass uns doch zusammen fahren!
Ludmilla Stojkovic:
    Nein, das ist gar nicht so teuer. Wohnen können wir bei meiner Freundin Laura.
Ludmilla Stojkovic:
    Die Eintrittspreise? Auch kein Problem: Als Studentin bekommst du Ermäßigung.
Ludmilla Stojkovic:
    Ich glaube, für die Tageskarte zahlst Du nur 33 statt 45 Euro.
Ludmilla Stojkovic:
    Wann genau? Tja, wie wäre es denn mit dem 1. bis 4. September?
Ludmilla Stojkovic:
    Vom 2. bis zum 5.? Ja, okay, das passt auch.
Ludmilla Stojkovic:
    Gut, dann telefonieren wir heute Abend nochmal.
Ludmilla Stojkovic:
    Gut, dann tschüs!

Modul-Plus 2

Ausklang: Die superschnelle Stadtrundfahrt

(vgl. Kursbuch)

TRANSKRIPTIONEN KURSBUCH

Lektion 7

Wir könnten montags joggen gehen.

Aufgabe 2

Trainerin: Und? Wie fühlen Sie sich?
Herr Peters: Fan...fantastisch! Die Natur, die frische Luft ... ich könnte ewig so laufen.
Trainerin: Ja, Joggen ist toll!
Herr Peters: Ich, ich hätte schon früher anfangen sollen. Ich will endlich ein paar Pfunde verlieren. Aber mein innerer Schweinehund ...
Trainerin: Ja, mit einem Personal Trainer ist es leichter.
Herr Peters: Danke für Ihre Hilfe.
Trainerin: Das ist mein Job!
Herr Peters: Könnten wir, könnten wir ein bisschen langsamer laufen?
Trainerin: Na klar. Sie bestimmen das Tempo. Die Hälfte haben wir ja schon.
Herr Peters: Erst die Hälfte?
Trainerin: Es *sind* ja nur zwei Kilometer.
Herr Peters: „Nur!"
Trainerin: Das schaffen Sie schon! Alles klar?
Herr Peters: Ich, ich kann nicht mehr.
Trainerin: Kein Problem. Dann machen wir eine Pause.
Herr Peters: Puh!

Aufgabe 3

Herr Peters: Puh, das war super! Ich fühle mich schon viel schlanker.
Trainerin: Wie viel Kilo möchten Sie denn abnehmen?
Herr Peters: Hm, na ja ... so ungefähr acht?
Trainerin: Dann sollten wir mal über Ihren Fitnessplan sprechen. Wir könnten montags und mittwochs joggen gehen.
Herr Peters: Aha, also jeden zweiten Tag? Ist das nicht ein bisschen ...?
Trainerin: Dienstags und donnerstags könnten wir schwimmen gehen. Wir treffen uns zwischen sieben und Viertel nach sieben vor dem Schwimmbad. Einverstanden?
Herr Peters: Geht es nicht ein bisschen später? So um elf?
Trainerin: Und abends sollten Sie keine Kohlenhydrate mehr essen.
Herr Peters: Abends esse ich gerne Pasta.
Trainerin: Nudeln *sind* Kohlenhydrate. Erlaubt sind nur Obst, Gemüse, Käse oder Fleisch.
Herr Peters: Aha.
Trainerin: Wann fangen wir an?
Herr Peters: Ich rufe Sie an. Dann machen wir einen Termin aus. Auf Wiedersehen.
Trainerin: Auf Wiedersehen, Herr Peters.
Herr Peters: Hi, Amelie! Du, sag mal, du hast mir doch von diesem Buch erzählt, „Schlank & fit im Schlaf". Kannst du mir das mal leihen?

Lektion 8

Hoffentlich ist es nicht das Herz!

Aufgabe 1a

Dr. Watzeck:
> Frau … ähh … ähh … Frau Charlotte Brudler, bitte ins Sprechzimmer. Guten Tag, Frau Brudler! Bitte, nehmen Sie Platz!

Frau Brudler:
> Danke.

Dr. Watzeck:
> Na, was kann ich denn *heute* für Sie tun, Frau Brudler?

Frau Brudler:
> Es ist ein Notfall, Herr Doktor!

Dr. Watzeck:
> Ein Notfall?

Frau Brudler:
> Es ist hier … im Bauch … hier oben links …

Dr. Watzeck:
> Und WAS ist da?

Frau Brudler:
> Schmerzen. Ich habe Schmerzen.

Dr. Watzeck:
> Starke Schmerzen?

Frau Brudler:
> Nein, nicht sehr stark, es ist eigentlich mehr ein Druck.

Dr. Watzeck:
> Und haben Sie das auch jetzt gerade?

Frau Brudler:
> Nein, im Moment nicht. Aber es kommt immer wieder.

Dr. Watzeck:
> Aha.

Frau Brudler:
> Ich … ich habe mal ins Internet geschaut und da steht: es muss nicht der Magen sein, es kann auch das Herz sein. Vielleicht ist es sogar ein Herzinfarkt!?

Dr. Watzeck:
> So, aus dem Internet haben Sie das? Na, dann kommen Sie doch mal mit ins Untersuchungszimmer.

Frau Brudler:
> Hach, hoffentlich ist es nicht das Herz!

Dr. Watzeck:
> Ganz ruhig, Frau Brudler. Wir sehen uns das jetzt einfach mal an, ja?

Lektion 9

Bei guten Autos sind wir ganz vorn.

Aufgabe 1

Alfons Beierl:
> Guten Tag! Ich darf mich vorstellen: Mein Name ist Alfons Beierl. Ich bin 1977 als junger Mann hierher zu Audi nach Ingolstadt gekommen. Und diesen Wagen hier links, den hab ich selbst noch mitgebaut. Das ist ein ‚Audi 80' aus der ersten Baureihe. ‚Audi 80', das sagt Ihnen vielleicht nicht mehr viel, heute. Aber den Audi ‚A4' hier rechts, den kennen Sie doch sicher?
> ‚A4', so heißt der ‚Audi 80' seit 1994. Wir bauen ihn bis heute und er ist inzwischen das erfolgreichste Auto in unserer Firmengeschichte. Mit diesem ‚Audi 80' hat die Erfolgsgeschichte begonnen. Tja, und so kann ich mit Recht sagen: Ich war von Anfang an dabei.

Modul-Plus 3

Ausklang: 24 Stunden sind zu wenig.

(vgl. Kursbuch)

TRANSKRIPTIONEN KURSBUCH

Lektion 10

Gut, dass du reserviert hast.

Aufgabe 2

Julia:	Guten Tag, sind Sie …?
Olli:	Ich glaube schon, wenn Sie …?
Julia:	Wahrscheinlich, weil … wir haben die gleiche Blume …
Olli:	Natürlich. Eine rosa Gerbera. War gar nicht so einfach.
Julia:	Ich bin Julia.
Olli:	Freut mich. Ich heiße …
Julia:	… Olli. Ich weiß.
Julia:	Du tanzt Tango und sammelst Frösche.
Olli:	Ach?! Woher …
Julia:	Das habe ich doch in deinem Profil gelesen. Im Internet.
Olli:	Natürlich. Hab ich ganz vergessen.
Julia:	Ein nettes Restau…
Olli:	Entschuldigung! Wir möchten bitte bestellen.
Ober:	Komme sofort zu Ihnen.

Aufgabe 3

Olli:	Schade, dass es keine Pizza gibt.
Julia:	Das ist ja kein italienisches Lokal.
Olli:	Und Hamburger auch nicht.
Julia:	Zum Glück.
Olli:	Was nimmst du?
Julia:	Ich denke, dass ich den Fisch nehme.
Olli:	Ich hasse Fisch. Ich hoffe, dass sie wenigstens Pommes haben. Entschuldigung!
Ober:	Gleich!
Julia:	Gut, dass du reserviert hast. Es ist ziemlich voll hier.
Olli:	Hallo? Wir würden gern bestellen. Kann es sein, dass er uns nicht sehen will?
Julia:	Ja …

Aufgabe 5

Ober:	So, Sie bekommen?
Olli:	Ich nehme das Steak. Aber nicht mit Kartoffeln, sondern mit Pommes Frites.
Ober:	Gern. Wie wollen Sie das Steak?
Olli:	Auf einem Teller! *(lacht)*
Ober:	Gut durch, medium oder …?
Olli:	Medium.
Ober:	Und Sie?
Julia:	Ich hätte gern …
Olli:	Ach, warten Sie, ich nehme doch keine Pommes Frites. Bringen Sie mir lieber einen Salat, aber mit viel Öl und wenig Essig. Ich hoffe, dass er frisch ist?
Ober:	Aber natürlich! Steak und Salat …
Olli:	Erst den Salat, dann das Steak.
Julia:	Ich hätte gern den Fisch.
Ober:	Hm – mit Salat oder Kartoffelpüree?
Julia:	Mit Kartoffelpüree.
Ober:	Irgendwelche Sonderwünsche?
Julia:	Nein danke. So wie in der Karte.
Ober:	Danke!

Aufgabe 8

Ober:	Hat es geschmeckt?
Julia:	Wunderbar!
Olli:	Verzeihen Sie, aber Sie haben meine Pommes Frites vergessen.
Ober:	Sie haben doch gar keine bestellt!
Olli:	Ich weiß doch, dass ich Pommes bestellt habe. Außerdem war das Fleisch nicht durch.
Ober:	Haben Sie nicht medium gesagt?
Olli:	Sicher nicht!
Ober:	Ich gebe es an die Küche weiter.
Julia:	Moment, wir wollen gleich zahlen. Die Rechnung, bitte.
Ober:	Zusammen oder getrennt?
Julia:	Getrennt!

Lektion 11

Ich freue mich so.

Aufgabe 1

Luisa Bauer:
Hey, Leute, vielen Dank! Also, das ist total lieb von euch! Und weil ich weiß, dass ihr alle Hunger habt und weil das warme Buffet nicht kalt werden soll, deshalb sag ich jetzt auch nur einen Satz: Ich freue mich so über unsere tolle Arbeit in den letzten 10 Jahren und ich bin auch restlos glücklich mit euch! Danke! Das Buffet ist eröffnet!

Lektion 12

Wenn es warm ist, essen wir meist Salat.

Aufgabe 2

Radioreporter:
Heute sind wir bei Familie Schneider zu Besuch. Die Familie bereitet alles für ein Foto vor. Eine Zeitschrift will über ihre Essgewohnheiten berichten. Was isst eine deutsche Familie innerhalb einer Woche? Familie Schneider ist eine deutsche Durchschnittsfamilie. Vater, Mutter, eine zehnjährige Tochter, ein vierzehnjähriger Sohn. Gemeinsam stellen sie ihre Wocheneinkäufe auf den Tisch.

Sohn: Wo soll das Gemüse hin?
Mutter: Leg es auf die rechte Seite. Da ist noch Platz.
Tochter: Ich stell den Saft auf den Tisch.
Vater: Okay. Am besten zwischen das Bier und die Pizza.
Mutter: Prima. So sieht es gut aus.
Vater: Fertig?
Sohn & Tochter: Ja!
Mutter: Kommt zu mir. Wir stellen uns hinter den Tisch.
Sohn: Wir sind die Familie Schneider und DAS essen wir alles in einer Woche.
Radioreporter: Auf dem Tisch sieht man nun 10 Liter Saft …

Aufgabe 5

1
Mutter: Ich koche gern. Unter der Woche gibt es oft Gemüse, Nudeln oder Suppe. Und wenn es schnell gehen muss, auch mal Pizza. Im Sommer, wenn es warm ist, essen wir meist Salat. Am Wochenende brate ich oft Fleisch und Fisch. Vor allem wenn Gäste kommen. Dann probiere ich oft neue Rezepte aus.

2
Vater: Ich bin fürs Frühstück zuständig. Unter der Woche frühstücken wir Müsli. Am Wochenende hole ich Brötchen, mache Spiegeleier und decke den Tisch. Außerdem backe ich den Kuchen, wenn jemand Geburtstag hat. Ich liebe es, wenn wir alle zusammen sitzen. Dann reden und essen wir oft zwei Stunden lang. Ab und zu gehen meine Frau und ich auch ins Restaurant.

3
Sohn: Mama kocht viel zu oft Gemüse. Aber wenn ich Geburtstag habe, dann darf ich mir ein Essen aussuchen. Und dann wünsche ich mir Lasagne oder Pizza. Das sind meine Lieblingsessen. Wenn meine Freunde kommen, dann dürfen wir uns auch mal ein Eis aus dem Kühlschrank holen.

TRANSKRIPTIONEN KURSBUCH

4

Tochter: Ich esse gern Süßigkeiten, Bananen und Schnitzel. Aber nicht gleichzeitig. Wenn wir uns abends einen Film ansehen, dann macht Mama oft einen Teller mit Obst und Schokolade. Manchmal gibt es auch Chips dazu.

Modul-Plus 4

Ausklang: Liebe geht durch den Magen.

(vgl. Kursbuch)

Modul-Plus 1

Clip 1:

Christian: Hast du deinen Hausschlüssel, Lena?
Lena: Nein, den hast doch du!
Christian: Ich? Ich hab den Schlüssel vorhin auf die Kommode gelegt und dann hast du ihn genommen.
Lena: Stimmt. Aber dann habe ich den Schlüssel an deinen Bund gehängt und in deine Jackentasche gesteckt.
Christian: Lass uns erst den Tisch auf den Boden stellen, dann kann ich nachsehen.
Lena: Und? Hast du ihn gefunden? Ist der Schlüssel in deiner Tasche?
Christian: Nein, ist er nicht.
Lena: Was machen wir denn jetzt?
Christian: Wir müssen den Schlüsseldienst anrufen. Wahrscheinlich liegt der Schlüssel im Haus. Wo ist denn jetzt mein Handy?
Lena: In deiner Hosentasche.
Max: Servus.
Christian: Hallo.
Melanie: Ich bin Melanie und das ist mein Mann Max.
Christian: Freut mich. Dort auf dem Boden sitzt meine Frau Lena und ich bin Christian.
Melanie: Wir sind eure Nachbarn und wollten hallo sagen.
Christian: Das ist aber nett.
Max: Woher kommt ihr?
Lena: Zuletzt? Aus Hamburg.
Christian: Ich bin eigentlich aus der Schweiz, aber wir haben uns in Hamburg kennengelernt.
Melanie: Oh, und warum zieht ihr hierher nach München?
Christian: Ich habe hier unten im Süden ein tolles Jobangebot von einer Versicherung bekommen.
Lena: Und mir gefällt München sehr gut. Ich bin Bürokauffrau und suche mir hier eine neue Arbeit.
Melanie: Ach ja, herzlich willkommen in München.
Lena: Brot und Salz.
Max: Ja, das soll euch in eurem neuen Haus Glück bringen.
Christian: Das können wir gut gebrauchen. Wir finden nämlich unseren Hausschlüssel nicht mehr.
Max: Hängt der vielleicht an einem Schlüsselbund?
Lena: Ja, genau, mit einem Glücksbringer daran.
Max: Ist das hier vielleicht euer Schlüssel?
Lena: Ja. Ja, wo hast du denn den her?
Melanie: Der war dort hinten auf der Straße. Max hat ihn gefunden.
Christian: Dann muss er mir aus meiner Tasche und auf die Straße gefallen sein.
Lena: Toll, danke. Glück gehabt. Jetzt können wir wieder in unser Haus und müssen nicht den Schlüsseldienst anrufen.
Christian: Kommt ihr mit? Wir zeigen euch unser neues Zuhause.
Melanie: Gerne.
Max: Können wir euch noch helfen?
Lena: Wir sind mit dem Umzug fertig. Uns fehlt nur noch der Tisch. Der muss noch ins Haus.
Max: Schönes Stück, da pack ich mit an.
Melanie: Euer Haus ist wirklich sehr schön!
Christian: Wir haben viel gearbeitet.
Lena: Wir haben Kartons in die Wohnung getragen ...
Christian: ... und in den Keller gestellt ...
Lena: Bilder an die Wand gehängt ...
Christian: Lampen an die Decke gehängt ...
Lena: ... das Bett im Schlafzimmer aufgebaut ...
Christian: ... und die Küche eingeräumt ...
Max: ... und den Tisch mitten ins Wohnzimmer gestellt.
Lena: Oh nein! Meine Vase. Ich bin so ein Schussel!

TRANSKRIPTIONEN FILM-DVD

Melanie: Gut, dass das nicht nur mir passiert! Letzte Woche habe ich meine Glasschüssel zerbrochen.
Max: Ja, aber die war total hässlich. Die Vase war ja richtig schön. Tut mir leid, dass sie jetzt kaputt ist.
Christian: Zum Glück war es nicht der Spiegel. Das bedeutet sieben Jahre Pech!
Melanie: Wenn eine Vase wie eure zerbricht, sagt man: Scherben bringen Glück! Das ist doch super.
Christian: Ja, finden wir auch! Dann trinken wir auf gute Nachbarschaft!
Lena: Und auf unser Glück! Prost!
Alle: Prost!

Modul-Plus 2

Clip 2:

Melanie: Wie gefällt dir deine neue Heimat, Lena?
Lena: München ist wirklich eine schöne Stadt. Es gibt viele sehenswerte Museen und ein tolles Freizeitangebot.
Melanie: Im Sommer gibt's auch tolle Festivals und wunderbare Konzerte.
Lena: Mir gefallen die vielen Leute und die tollen, alten Häuser.
Melanie: Soll ich dir in den nächsten Tagen etwas von der Stadt zeigen?
Lena: Eine gute Idee. Lass uns gleich damit anfangen! Das ist ein besonders schönes Gebäude!
Melanie: Das ist die Oper. Hier treten seit vielen Jahren die größten Stars auf.
Lena: Bis zu meiner Heirat bin ich oft ins Theater gegangen.
Melanie: Ich war seit mindestens drei Jahren nicht mehr dort. Magst du Opern?
Lena: Oh ja, ich liebe klassische Musik. Wie wäre es, wenn wir in diesem Monat mal gemeinsam in die Oper gehen?
Melanie: Klasse Idee!
Lena: Hast du am nächsten Freitag Zeit?
Melanie: Ähm, Moment ... ähm ... am Donnerstag geht es nicht, ... Freitag ... Am Freitag passt es. Wann geht die Oper los?
Lena: Ich denke, um acht Uhr ist Beginn. Soll ich die Karten besorgen?
Melanie: Ach, ich mache das schon und reserviere uns zwei Karten.
Lena: Toll.
Melanie: Dann sind wir am Freitag verabredet. Hast du Lust mit mir noch einen Kaffee trinken zu gehen?
Lena: Eine gute Idee. Das können wir gerne später machen. Ich muss vorher noch auf den Markt. Einkaufen.
Melanie: Einverstanden, gehen wir!
Lena: Ich brauche zuerst schöne Tomaten.
Melanie: Die kleinen hier sehen gut aus oder nimm doch lieber die hier.
Lena: Dann brauche ich noch eine Zucchini und zwei rote Paprika.
Melanie: Guck mal, nimm doch auch von den gelben Paprika. Möchtest du auch noch etwas von den grünen?
Lena: Nein. Dann brauche ich noch Pfirsiche.
Melanie: Die Pfirsiche sind aber ganz schön teuer. Nimm doch lieber von den günstigen Nektarinen.
Lena: Du solltest Verkäuferin auf dem Markt werden.
Melanie: Oh ja! Kann ich Ihnen helfen? Möchten Sie lieber die grünen Äpfel oder die roten? Was darf es sonst noch sein?
Lena: Komm, ich muss noch ein paar Sachen kaufen. Und da brauche ich deine Hilfe, vor allem beim Tragen!
Melanie: Du, sag mal, warum hast du denn so viele Sachen eingekauft? Frischen Fisch, Gemüse, Käse, grünen Salat, Obst ... Was hast du vor?
Lena: Na, ich möchte dich und deinen Mann am Abend zum Essen einladen. So gegen acht?
Melanie: Oh, das ist aber nett! Danke für die Einladung. Wir kommen gerne.
Lena: Dann bis später.
Beide: Äh ja ...

Modul-Plus 3

Clip 3:

Christian: Hey, Max.
Max: Hey, hallo, Christian! Geht's dir gut?
Christian: Danke, ja. Es könnte noch besser gehen, wenn ich mehr Sport machen würde.
Max: Würde, könnte … mach's doch einfach! Da drüben könntest du dich umziehen!
Christian: Na, dann sollte ich wohl mal. In Hamburg habe ich auch mal in einem Verein gespielt und würde auch gerne hier in einer Mannschaft spielen.
Max: Hey – du solltest in der Nationalelf spielen!
Christian: Ja, klar. Den Vertrag würde ich sofort unterschreiben.
Max: Mal im Ernst. Wenn ich du wäre, würde ich was machen aus meinem Talent.
Christian: Das ist jetzt wohl zu spät, aber als Junge habe ich noch geglaubt, ich werde mal Fußball-Profi!
Max: Den Traum vom Profi kenne ich gut. Aber komm doch in unsere Manschaft.
Christian: Mal sehen, ob ich trainieren kann. Ich habe mir letztes Jahr beim Skiurlaub mein Knie schwer verletzt.
Max: Oh. Das tut mir leid.
Christian: Das konntest du ja nicht wissen.
Max: Mist. Hätte ich doch besser aufgepasst!
Christian: Was ist passiert?
Max: Ich dachte, ich hätte den Ball noch gekriegt, deswegen bin ich gesprungen.
Christian: Geht's wieder? Vielleicht sollten wir für heute besser aufhören. Brauchst du was zum Kühlen?
Max: Ein kühles Bier wäre jetzt genau das Richtige.
Christian: Mir reicht es auch für heute mit dem Sport. Ich habe einen Riesenhunger!
Max: Ich auch!

Christian: Hi, Süße! Essen? Bei uns? Eine super Idee. Lena will heute Abend für uns alle kochen und sie fragt, ob wir die Getränke besorgen würden und in einer Stunde bei uns zu Hause sein könnten?
Max: Könnten, würden … Machen wir es doch einfach!

Modul-Plus 4

Clip 4:

Lena: Ich ärgere mich so sehr, dass ich heute nicht für euch kochen kann.
Christian: Lenas Fischsuppe ist die beste! Wir essen sie ein anderes Mal, wenn der Herd wieder funktioniert.
Melanie: Vielleicht ist etwas durch den Umzug kaputtgegangen. Vielleicht ist es auch nur eine Kleinigkeit.
Christian: Genau! Und heute verderben wir uns deswegen nicht die Laune.
Max: Stimmt. Außerdem freuen wir uns auch, dass wir euch unser Lieblingsrestaurant zeigen können. Worauf warten wir? Gehen wir rein? Komisch, dass heute nicht besonders viel los ist.
Melanie: Ja, seltsam. Normalerweise ist das Restaurant immer voll. Ich frage mich, ob es einen Grund dafür gibt.
Lena: Welchen Tisch sollen wir nehmen?
Christian: Nehmen wir doch den Tisch dort hinten.
Melanie: Wir möchten uns ganz herzlich bei euch bedanken, dass ihr uns zum Essen einladet.
Lena: Wir freuen uns, dass wir so nette Nachbarn haben.
Max: Nein, wir freuen uns, dass so nette Leute in das Haus neben uns eingezogen sind.
Christian: Ja, und darauf müssen wir anstoßen. Dann bestellen wir mal. Wo ist denn der Kellner?

TRANSKRIPTIONEN FILM-DVD

Max:	Können wir bestellen?
Kellner:	Komme gleich!
Max:	Wo bleibt er denn?
Lena:	Entschuldigung! Wir möchten gerne bestellen!
Kellner:	Komme sofort. Kleinen Moment. So.
Max:	Der Tisch wackelt.
Kellner:	Ja.
Christian:	Und wir hätten gerne vier Gläser Sekt.
Max:	Wir hätten auch gerne eine zweite Speisekarte.
Kellner:	Gerne. Klar. Ich …
Lena:	Ich hätte meinen Sekt gerne mit Orangensaft.
Kellner:	Orangensaft … Gut. Bringe ich Ihnen.
Melanie:	Hm, das klingt ja gut. Ich weiß, dass der Fisch hier immer sehr gut ist. Den nehme ich und vorher eine Suppe.
Max:	Ich bestelle das Lammfleisch.
Lena:	Eine gute Idee. Ich nehme auch das Lammgericht.
Christian:	Ich kann mich nicht entscheiden. Soll ich vorher einen Salat essen oder nicht?
Lena:	Nimm doch den Salat. Dann teilen wir.
Kellner:	Entschuldigung. Das tut mir furchtbar leid. Entschuldigung, das tut mir wirklich … also …
Lena:	Entschuldigung, aber mein Sekt ist ohne Orangensaft.
Kellner:	Oh, ähm … ich bringe natürlich sofort einen mit Orangensaft. Darf ich Ihnen vielleicht schon was zu essen bringen?
Lena:	Ich nehme das Lammfleisch.
Kellner:	Natürlich. Mit Reis oder mit Kartoffeln?
Lena:	Ich denke … hm … mit Reis.
Max:	Das Gleiche nehme ich auch.
Melanie:	Und ich bekomme zuerst die Suppe und danach den Fisch.
Kellner:	Gerne.
Christian:	Ich hätte gerne den Salat, aber bitte ohne Tomaten. Und als Hauptspeise möchte ich auch den Fisch.
Kellner:	Gut. Dann haben wir jetzt also einen Salat mit Tomaten, äh …
Christian:	OHNE.
Kellner:	Ohne. Natürlich, klar. Reis mit Kartoffeln …
Max:	Wir hätten gerne zweimal Lammfleisch mit Reis.
Kellner:	Ähm, natürlich … und Sie hatten den Fisch?
Melanie:	Wir bekommen ZWEIMAL Fisch und EINE Suppe.
Kellner:	Zweimal Fisch. Gut. Bringe ich Ihnen sofort.
Lena:	Irre ich mich oder ist unser Kellner irgendwie abwesend?
Melanie:	Ich bin mir nicht sicher, ob er sich das Essen richtig aufgeschrieben hat. Hoffentlich geht das nicht auch noch schief.
Max:	Wollen wir es nicht hoffen!
Christian:	Wenn er mir noch etwas auf meine Hose schüttet, beschwere ich mich bei seinem Chef.
Lena:	Er kann sich ja nicht mal eine Bestellung merken.
Melanie:	Ich frage mich, mit wem er die ganze Zeit telefoniert. Normalerweise wird man hier schnell und höflich bedient.
Kellner:	Sie glauben gar nicht, wie sehr ich mich gerade freue! So sehr, dass ich Sie auf das Getränk einladen möchte!
Melanie:	Warum? Was ist los?
Kellner:	Ich bin Vater geworden.
Lena:	Na, herzlichen Glückwunsch zur Geburt!
Kellner:	Danke.
Lena:	Ist es ein Mädchen oder ein Junge?
Kellner:	Ein Junge. Ja, ich, äh, wow! Ich möchte mich auch ganz herzlich bei Ihnen entschuldigen, dass ich so durch den Wind war, aber ich habe mir einfach wahnsinnig Sorgen gemacht.

Christian: Jetzt wird uns einiges klar.
Max: Wir freuen uns natürlich mit Ihnen und wünschen Ihnen alles Gute und viel Glück.
Kellner: Danke. Ja, dann sag ich jetzt dem Koch Bescheid, dass er sich beeilen soll, damit Sie schnell was zu essen bekommen. Und dann muss ich mich erst mal von der Aufregung erholen!
Christian, Lena, Melanie, Max:
Wir auch!

LÖSUNGEN TESTS ZU DEN MODULEN

Test Modul 1 (Lektion 1–3)

1 Schwiegervater; Onkel; Cousine; Schwiegersohn
2 **a** geklettert, übernachtet; **b** gespielt, gefahren, gelesen; **c** gesammelt
3 Wand; Vorhänge; Herd, Werkzeug; Spiegel
4 **b** Pflanze; **c** Tiere; **d** Katzen; **e** Dorf; **f** Ruhe
5 **a** euer; **b** Sein; **c** mein, seinen
6 **a** ist … gefahren, hat … gespielt; **b** Hast … gehört, ist … gefahren; **c** hat … erzählt
7 **a** Stellst, auf den; **b** liegen; unter dem; Stell, vor das; **c** stelle, zwischen die, neben dem Sofa, steht
8 **a** Erholung, Entspannung; **b** Anstrengung, Berater; **c** Wanderung, Anmeldung
9 Also passt; Aber ich habe; Wisst; Später habe
10 **a** Es sieht dann gemütlicher aus. **b** Seien Sie aber vorsichtig mit Möbeln. Stellen Sie nicht zu viele in den Raum. Er wird sonst noch kleiner.
11 würde gern; gefällt mir überhaupt nicht; möchte lieber; würde auch gern; am liebsten; finde die Idee super
12 **a** 3; **b** 1; **c** 2
13 Später hatte er viele Tiere; Er hat ein Studium als Tierarzt begonnen; Dann arbeitete er als Koch; Zum Schluss hatte er ein eigenes Restaurant

Test Modul 2 (Lektion 4–6)

1 **b** eine Flasche Cola; **c** eine Packung Mehl; **d** eine Dose Pfirsiche; **e** eine Tüte Bonbons; **f** eine Dose Bohnen; **g** eine Packung Quark
2 **b** Unterkunft; **c** wechseln; **d** Kamera; **e** Führung; **f** Rundgang; **g** Sehenswürdigkeiten; **h** Postkarte
3 mitkommen; Festival; Veranstaltungen; Künstler; Bühnen; findet; statt; Eintritt; Prima
4 harten; rote; leckere; rohen; gekochten; große; italienischen
5 historische; kurze; alten; wunderschöne; interessante; historischen; typischen; bequemen; neuen
6 **b** Nein, erst seit einem Monat. **c** Schon über 20 Jahre. **d** Eine Woche, vom 6. bis zum 13. Juli.
7 Geben Sie mir bitte; Möchten Sie lieber; im Angebot; Ich brauche; Wie viel darf es sein; sonst noch etwas; Das ist alles
8 von oben nach unten: 5, 2, 6, 4, 3
9 vielleicht mitkommen; kann ich leider nicht; Wie wäre es mit; passt gut; einen Treffpunkt ausmachen; Ich schlage vor; das machen wir
10 **b** X; **c** 2; **d** 4; **e** 1
11 Pläne gemacht; besichtigen; Er ist wirklich beeindruckend; Das Café gefällt Dir bestimmt; kochen; Endlich wieder mal tanzen, das wird toll; Wann fährt Dein Zug; Oder hast Du andere Wünsche

Test Modul 3 (Lektion 7–9)

1 abnehmen; Diät; Gesundheit; Training; regelmäßig

2 **a** blutet; **b** Magenschmerzen; Sprechstunde; **c** Unfall; Krankenwagen; Notarzt

3 **a** Lohn; **b** Produktion, Maschinen; **c** Angestellter, Team, Mitarbeitern

4 **b** Sie sollten regelmäßig Sport machen. **c** Sie könnten morgens mit dem Fahrrad zur Arbeit fahren. **d** Sie sollten besser die Treppe nehmen. **e** Abends könnten Sie einen kleinen Spaziergang machen.

5 **b** Frau Barowski kann nicht schlafen, weil sie um 22 Uhr Kaffee getrunken hat. **c** Mario hat Angst vor dem Zahnarzt. Deshalb geht er nie allein zur Untersuchung. **d** Du bist müde, weil du gestern bis 1 Uhr ferngesehen hast. **e** Ich fahre auch im Winter viel Fahrrad. Deshalb bin ich selten krank.

6 **b** gute, flexible, Großer, interessante, nettem; **c** schöne, alte, kaputte; **d** gute, kompetente, zuverlässiger; **e** Sympathischer, junger, langer, guten, interessanten, internationalem

7 **a** An deiner Stelle würde ich; **b** vielleicht sollte er; **c** Mach doch, Du könntest

8 von oben nach unten: 4, 2, 6, 5, 3, 7

9 ist mir nicht so wichtig; möchte ich lieber; Wie wichtig sind; das finde ich schade; Das ist eine gute Idee

10 **b** falsch; **c** falsch; **d** falsch; **e** richtig; **f** falsch

11 Lösungsvorschlag: Die Arbeitszeiten sind fest. Ich arbeite von 9 bis 17 Uhr 30. Meine Aufgaben sind E-Mails schreiben und telefonieren. Ich muss auch viel reisen. Der Chef ist sympathisch. Hoffentlich sind die Kollegen auch nett. Mein Lohn ist nicht so gut, aber ich bekomme einen Firmenwagen.

Test Modul 4 (Lektion 10–12)

1 **b** Glas; **c** Messer; **d** reservieren; **e** Pommes frites; **f** Alkohol; **g** Getreide

2 **b** Handtasche; **c** Stoff; **d** Briefumschlag; **e** weggeworfen; **f** gestritten

3 **b** die Hälfte; **c** rund; **d** durchschnittlich; **e** häufig; **f** kaum

4 **b** Schade, dass es keinen frischen Orangensaft gibt. **c** Ich hoffe, man kann noch frühstücken. **d** Ich finde, der Kuchen schmeckt hier sehr gut. **e** Kann es sein, dass die Rechnung nicht stimmt?

5 **b** Fühlst du dich heute besser? **c** Wir haben uns gut unterhalten. **d** Ihr erinnert euch gern an die Schulzeit. / Erinnert ihr euch gern an die Schulzeit? **e** Unsere Kinder streiten sich laut. **f** Unser Nachbar beschwert sich oft bei uns.

6 **b** Miriam joggt im Park, wenn die Sonne scheint. **c** Ich bestelle eine Pizza, wenn der Kühlschrank leer ist. **d** Wenn ich abends Hunger habe, esse ich Obst. **e** Tobias kauft sich ein Eis, wenn es sehr heiß ist. **f** Wenn ich Lust auf Fleisch habe, brate ich mir ein Steak.

7 **a** Einen Moment, bitte; Was darf ich Ihnen bringen; Ich hätte gern; **b** Verzeihen Sie; Sie bekommen sofort ein anderes; **c** Die Rechnung; getrennt; Stimmt so

8 **b** für die gute Zusammenarbeit. **c** viel Erfolg und alles Gute! **d** für die gute Zusammenarbeit. **e** viel Erfolg und alles Gute! **f** zum zehnjährigen Jubiläum!

9 Das finde ich komisch; In meiner Heimat; Wirklich; Ich habe nicht gedacht; das hat mich auch überrascht

10 **b** Emilia; **c** Martin; **d** Emilia; **e** Martin; **f** Heike

11 (freie Lösung)

Quellenverzeichnis

Cover: © Getty Images/Andreas Kindler

Seite 95: 1. Zeile: © Thinkstock/Stockbyte/Brand X Pictures; 2. Zeile von links nach rechts: © Thinkstock/Lifesize; ©Thinkstock/Photodisc; © Thinkstock/Wavebreak Media; © Thinkstock/Jupiterimages; 3. Zeile von links nach rechts: © Thinkstock/Stockbyte; © iStockphoto/Kemter; © iStockphoto/Stalman; © fotolia/El Gaucho; © iStockphoto/Juanmonino; 4. Zeile von links nach rechts: © iStockphoto/Juanmonino; © Thinkstock/iStockphoto; © Thinkstock/Getty Images/Ryan McVay; © fotolia/soupstock

Seite 105: © fotolia/Timo Darco

Seite 107: Salami, Pfirsich, Paprika, Bonbon, Banane, Birne, Bohnen, Eistee © Thinkstock/iStockphoto; Orangensaft © Thinkstock/Stockbyte; Kartoffel © iStockphoto/jerryhat; Kuchen © PantherMedia/Doris Heinrichs; Brot © iStockphoto/SednevaAnna; Fisch © fotolia/Olga Patrina; Apfel © fotolia/Aleksejs Pivnenko; Kaffee © fotolia/Stocksnapper; Schinken © fotolia/Birgit Reitz-Hofmann; Suppe © iStockphoto/monica-photo; Käse © fotolia/sumnersgraphicsinc

Seite 110: © iStockphoto/Grafissimo

Seite 126: Bild 1981 © Audi AG, Ingolstadt

Seite 140: a © Thinkstock/Stockbyte; b © Thinkstock/Hemera; c, d, e, f © Thinkstock/iStockphoto; g © iStockphoto/katyspichal

Alle übrigen Fotos: Florian Bachmeier